Jörg Willems – Bannerwerbung und Remarketing

 Jörg Willems (*1964) arbeitet als freier Autor, Redakteur und Medienberater. Er hat unzählige Bücher als Herausgeber in verschiedenen Verlagen redaktionell begleitet und einige Ratgeberbücher zu verschiedenen Themen geschrieben und auch als E-Books umgewandelt. Jörg Willems ist Mitglied des Deutschen Fachjournalistenverbandes (DFJV) und Gründungsmitglied der Initiativgruppe www.kleinverlage-online.de.

Weitere Ratgeberbücher finden Sie auf www.joewis-ratgeber.de.

Jörg Willems

DAS FACHBUCH FÜR
BANNERWERBUNG
& REMARKETING

WIE SIE MEHR TRAFFIC MIT BANNERWERBUNG UND REMARKETING GENERIEREN KÖNNEN.

Bibliografische Information der Deutschen Nationalbibliothek:
Die Deutsche Nationalbibliothek verzeichnet diese Publikation in der Deutschen
Nationalbibliografie; detaillierte bibliografische Daten sind im Internet über
http://dnb.dnb.de abrufbar.

© 2020 Jörg Willems, Kleve

Herstellung und Verlag: BoD – Books on Demand, Norderstedt

ISBN: 978-3-7519-7653-4

Lizenzbestimmungen

SPRACHREGELUNG:

Zur Vereinfachung beim Schreiben und Lesen wird immer die männliche Form verwendet: der Leser, der Gründer usw. Dieser Artikel dient als allgemeiner Gattungsbegriff und schließt weibliche Personen automatisch mit ein.

Sofern wir auf externe Webseiten fremder Dritter verlinken, machen wir uns deren Inhalte nicht zu Eigen, und haften somit auch nicht für die sich naturgemäß im Internet ständig ändernden Inhalte von Webseiten fremder Anbieter. Das gilt insbesondere auch für Links auf Softwareprogramme, deren Virenfreiheit wir trotz Überprüfung durch uns vor Aufnahme aufgrund von Updates etc. nicht garantieren können.

Autor und Verlag sind nicht haftbar für Verluste, die durch den Gebrauch dieser Informationen entstehen sollten.

Die in diesem Werk erwähnten Anbieter und Quellen wurden zum Zeitpunkt der Niederschrift als zuverlässig eingestuft. Autor und Verlegen sind für deren Aktivitäten nicht verantwortlich.

Dieses Handbuch versteht sich als Basisinformationsquelle. Daraus resultierende Einkommen und Gewinne sind allein von Motivation, Ehrgeiz und Fähigkeiten des jeweiligen Lesers abhängig.

Sämtliche Markennamen, Logos usw. sind Eigentum ihrer jeweiligen Besitzer, die diese Publikation nicht veranlasst oder unterstützt haben.

Über das Internet erhältliche Texte und Bilder, die in dieser Publikation verwendet werden, können geistiges Eigentum darstellen und dürfen nicht kopiert werden.

Inhaltsverzeichnis

I

Was ist ReMarketing?

Es gab einmal eine Zeit, da war Marketing einfach. Man hat eine Anzeige in die Zeitung gesetzt oder einen TV-Spot produziert und darauf gewartet, dass die Leute reagieren. Hat das nicht funktioniert, wurden andere Methoden ausprobiert, etwa Telefonanrufe, Verkäufe an der Haustür usw.

Die Werbung war viel einfacher, weil die Menschen einfacher waren. Sie wussten, wo sie Werbeanzeigen und Inserate fanden und haben genau dort nach ihnen gesucht. Aber im Laufe der Zeit hat man einen neuen Ort gefunden, an dem man sich über alles informieren konnte. Das Internet hat alle Regeln der Werbung auf den Kopf gestellt.

Marketing und das Internet

Das Internet ist in Sachen Marketing etwas schwieriger zu steuern, da es sehr wandelbar und beweglich ist. Suchmaschinen, die Leute benutzen, um bestimmte Ergebnisse herauszufiltern, ändern ihre Parameter genauso schnell, wie man sie herausgefunden hat.

Viele Suchmaschinen wurden mit bestimmten Keyword-Regeln betrieben; aber heutzutage funktionieren sie anders, da man herausgefunden hat, dass viele User versucht haben, diese Regeln zu umgehen, um höher in den Ergebnissen gelistet zu werden. Also haben die entsprechenden Suchmaschinen die Dinge komplizierter gestaltet.

Lauter Veränderungen online

Wenn es um Marketing geht, dann ist das Internet ein hilfreiches Werkzeug. Aber es kann auch problematisch hinsichtlich der Unterstützung der Suche einiger potentieller Kunden sein. Ein Beispiel: Man hat auf einer Webseite ein Banner entdeckt, aber wenn man zu dieser Seite zurückkehrt, ist es verschwunden. Oder man hat vollkommen vergessen, wie man auf eine bestimmte Seite gekommen ist, sodass einem vielleicht ein großartiges Produkt in Erinnerung geblieben ist, man aber keine Ahnung mehr hat, wie man es wiederfinden soll.

Derartige Dinge passieren ständig.

Und vergessen wir nicht, dass Werbebanner viel häufiger als Belästigung, denn wirklich als Hilfe wahrgenommen werden. Diese blinkenden und hellen Werbeflächen auf beliebten Webseiten wurden immer mehr ignoriert, je mehr die Leute sich im Web auskannten.

Kurz gesagt: Das Internet hat die Dinge zwar ziemlich verkompliziert, aber nicht unmöglich gemacht. Haben Sie erst einmal verstanden, wie das Internet funktioniert, dann können Sie auch sicherstellen, dass die Leute immer wieder Ihre Seite besuchen; und das auch, wenn Sie vorhaben, Ihr Produkt öfter als einmal zu vermarkten.

Sie glauben es nicht?

ReMarketing

Remarketing ist eine Vorgehensweise, die wirklich funktioniert, wenn es darum geht, eine Person dazu zu bringen, auf ein Werbebanner zu klicken. Stellen Sie sich folgendes Szenario vor:

Sie besuchen eine Webseite und Sie entdecken ein Banner, das Ihnen ein kostenloses EBook zum Thema Umweltschutz verspricht. Das ist etwas, was Sie interessiert, also klicken Sie auf den Link, bekommen das Buch und leben Ihr Leben dann weiter wie zuvor. Irgendwann entdecken Sie auf einer anderen Webseite das gleiche Banner oder zumindest ein Banner der gleichen Firma. Die Werbebotschaft darauf bleibt Ihnen im Gedächtnis und Sie überlegen, ob Sie tatsächlich schauen sollten, welches Angebot sich dahinter verbirgt. Sie entscheiden sich jedoch dafür, mit Ihrer eigentlichen Beschäftigung fortzufahren und nicht zu klicken.

Später besuchen Sie eine andere Webseite und sehen das Banner wieder. Dieses Mal klicken Sie es an, lesen die Informationen auf der Seite und kaufen das Produkt.

Das Ganze klingt, wie ein Banner, das seinen Kunden nachstellt – und in gewisser Weise ist das auch so. Aber letztlich ist das eine Form des Marketings, die den Kunden hilft, welche zwar Informationen zu diesem Produkt haben wollen, sich aber nicht unbedingt sofort und zum aktuellen Zeitpunkt damit beschäftigen möchten.

Sie würden gern etwas kaufen, aber sind vielleicht zu beschäftigt, um sich im Moment darum zu kümmern. Also kommt die Annonce mit auf andere Seiten und wartet so lange, bis man sich tatsächlich dazu entschließt, zuzuschlagen.
Remarketing – das ist die Praktik, dem Kunden etwas immer und immer wieder vorzuführen und damit die Chancen zu erhöhen, dass er Ihr Produkt kauft und Sie Gewinne machen. Und haben Sie dieses System erst einmal eingerichtet, dann können Sie zugucken, wie es für Sie arbeitet, während Sie sich um andere Dinge kümmern.

Das glauben Sie nicht? Dann lesen Sie einfach dieses Buch und finden Sie mehr darüber heraus, wie Sie Ihre Banner entsprechend dem Remarketing-Boom nutzen können, der gerade neu ausgebrochen ist.

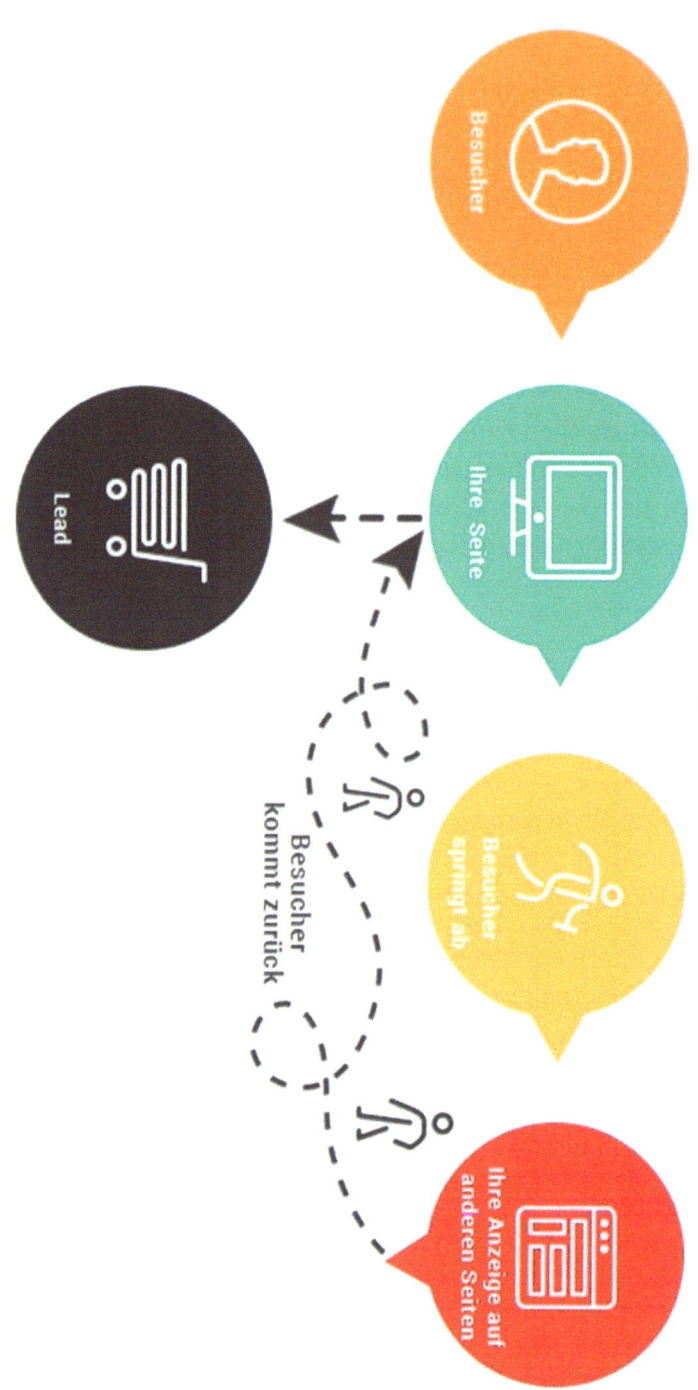

Ist das nicht lästig für die Kunden?

Viele Menschen, die zum ersten Mal vom Thema Remarketing hören, sind etwas skeptisch, weil sich die ganze Sache nicht viel anders anhört, als die der nervenden Banner der Vergangenheit. Sie haben Angst, dass eine Person so irritiert ist von den Bannern, die sie 'verfolgen', dass sie die entsprechende Firma von nun an vermeiden wird. Aber das ist nicht so.

Für gewöhnlich läuft es so:

Sie besuchen eine Seite und entdecken ein Banner, das Sie interessiert. Vielleicht klicken Sie es an, vielleicht klicken Sie nicht, aber egal wie, Sie sind trotzdem interessiert und würden gern mehr erfahren. Sie speichern die Seite nicht unter Ihren Favoriten ab, sondern glauben, wenn es wirklich wichtig ist, würden Sie es sich schon merken.

Aber die meisten von uns merken sich nicht, was sie gesehen haben. Vielleicht bleibt uns der Artikel in Erinnerung, aber in ein paar Tagen oder Wochen werden wir komplett vergessen haben, was genau es war oder wie wir dahin zurückkommen können. Das ist frustrierend, besonders dann, wenn es sich eigentlich um ein gutes Angebot gehandelt hat. Um es wiederzufinden, verbringen Sie vielleicht unzählige Stunden oder Tage vor dem Rechner und versuchen herauszufinden, welche Seite es war, von der aus Sie ursprünglich zu diesem Produkt gelangt sind.

Mit Remarketing würde Ihnen das nicht passieren. Sie besuchen eine Seite, sehen die Anzeige, zeigen Ihr Interesse – und werden immer wieder auf sie stoßen. Beachten Sie jedoch, dass das ein System ist, das nur dann funktionieren kann, wenn ein User Interesse bekundet hat.

Das macht Sinn. Ist jemand daran interessiert, mehr Informationen zu erhalten, dann möchte er auf die Seite zurückkehren. Ist er es nicht, wird er nicht klicken, und das Banner wird 'dableiben', um auf einen anderen potentiellen Kunden zu warten.

Viele Menschen finden es anstrengend im Internet einzukaufen, weil sie einfach SO viele Möglichkeiten haben. Mit Remarketing und Werbebannern können Sie die Dinge jedoch einfacher und weniger zeitintensiv für den schlauen Kunden gestalten.

Warum Werbebanner nicht tot sind

Ja, Werbebanner sollten die Geißeln des Internetmarketings sein. Sie wurden nur deswegen geschafften, um Aufmerksamkeit auf sich zu lenken, irgendeine Art von Aufmerksamkeit. Das mag noch funktioniert haben, als das Internet noch hell und glänzend war. Aber jetzt, da die Leute sich besser im Netz auskennen und genau wissen, wie man das Internet nutzt, werden die Banner anders gestaltet, um in einer clevereren Art zu werben – genau wie beim Remarketing.

Anstatt einfach nur die größten und auffälligsten Banner zu erstellen, versuchen kluge Vermarkter Banner zu erstellen, die mit einem intelligenten Aufbau und einem Aufruf zur Handlung verlocken. Auf diese Art werden Menschen aufmerksam, ohne überhaupt zu realisieren, dass Marketing dahintersteckt.

Seither werden Banner als Abkürzung für gute Werbe-angebote gesehen. Es gibt zwar noch immer einige Banner, die genauso erschreckend wie eh und je sind, aber Sie haben vielleicht schon bemerkt, dass die meisten Werbeangebote perfekt auf Ihre Bedürfnisse und Ihre Verkaufshistorie abgestimmt sind. So waren Sie Beispielsweise auf einer Seite für Golfschuhe und haben ein paar Stunden später irgendwo ein Banner für Golfzubehör entdeckt. Das scheint Magie zu sein, ist aber Remarketing, was dahintersteckt.

Bannerwerbung bietet tatsächlich einige Vorteile, mit denen andere Werbemaßnahmen nicht aufwarten können:

- ## Sie sind anschaulicher
  Wenn man ein Werbebanner erstellen will, hat man nur begrenzten Raum, in den man seine Botschaft so kurz und anschaulich wie möglich formulieren muss. Mit dem richtigen Texter oder Werbegestalter ist man damit in der Lage, auf den ersten Blick Interesse zu erzeugen.

- ## Sie sind verlockender

  Werbebanner sehen besser aus, als normale Werbeannoncen in der Zeitung. Sie können komplett farblich sein, sich bewegen usw.

- ## Sie sind Abkürzungen

  Anstatt sich durch die lange Liste der Suchmaschinenergebnisse zu wühlen, kann man relevante Werbeangebote direkt von einer Webseite aus begutachten. Dadurch ist man in der Lage, schneller dorthin zu kommen, wo man hinmöchte.

- ## Sie sind KEIN Spam

  Auch Newsletter und E-Mail-Listen werden noch immer genutzt. Im Gegensatz zu Werbebannern landen diese aber häufig in den Spam-Ordnern; unabhängig davon, ob sie wirklich gute Angebote enthalten oder nicht.

- ## Sie sind kreativ

  Sie können sich auf ihrem Werbebanner kreativ austoben und abhängig von ihren Fähigkeiten oder denen des Profis, den sie engagiert haben, alles gestalten, was ihnen vorschwebt.

- ## Sie können direkt auf eine Zielgruppe ausgerichtet werden

  Mit vielen Onlinetools können Sie sicherstellen, dass Ihre Werbebanner direkt auf eine Zielgruppe ausgerichtet werden, die bereits Interesse an dem Inhalt Ihrer Werbung bekundet hat.

Vor ein paar Jahren mag es vielleicht so ausgesehen haben, als wären Werbebanner überholt, aber das bedeutet nicht, dass sie tatsächlich vom Markt oder aus unserer Vorstellung verschwunden sind. Der Bereich der Bannerwerbung ist auch heute noch genauso nützlich und effektiv wie damals; und mittlerweile sogar günstiger zu realisieren.

Die Nachteile vom Remarketing

Wir wollen hier ehrlich sein mit den Dingen, die Sie vom Remarketing erwarten und mit denen, Sie nicht erwarten können. Sie können mehr Gewinne und mehr Traffic für Ihre Seite erwarten, aber es gibt auch Einschränkungen für alles, was während einer Remarketing-Kampagne passiert.

Werbung ist noch immer nicht perfekt, auch wenn Werbebanner dem wirklich sehr nahekommen.

Wir wollen jetzt also die Nachteile vom Remarketing auflisten. Wenn Sie sich diese Punkte durchlesen, dann werden Sie schnell verstehen, warum Ihre Anzeigen erstklassig sein müssen, und warum Sie diesen Ratgeber komplett bis zum Ende lesen sollten, bevor Sie mit Ihrem Marketing beginnen.

- ## Die User müssen nicht klicken
  Egal, wie sehr Sie wollen, dass die User auf Ihre Anzeigen klicken: Am Ende ist trotzdem niemand zu keinem Zeitpunkt dazu verpflichtet. Es liegt also komplett in der Hand der potentiellen Kunden, ob Sie Umsätze machen werden oder nicht.

- ## Sie könnten sich bei manchen Kunden einen schlechten Ruf machen
  Da es Menschen gibt, die es nicht mögen, wenn Werbeanzeigen ihnen folgen, könnte es sein, dass Ihre Verkaufschancen dadurch deutlich gemindert werden. Denn viele dieser Menschen klicken aus Prinzip nicht auf Banner, die ihnen schon ein paar Mal begegnet sind - auch dann nicht, wenn sie zuvor Interesse bekundet haben.

- ## Mac User sehen Remarketing-Banner eventuell nicht

  Bei Safari kann es passieren, dass Remarketing-Kampagnen blockiert werden. Wenn Ihre Zielgruppe also Apple-Liebhaber sind, dann werden diese unter Umständen vielleicht Ihre Werbung nicht einmal sehen, sofern Sie keinen anderen Browser nutzen.

- ## Popup-Werbung kann blockiert werden

  Manche Computer können Popups komplett blockieren. Ist Ihr Banner also mit einem Popup verknüpft, besteht die Gefahr, dass dieses nicht für alle User sichtbar ist.

Das ist nicht unbedingt eine lange Liste, aber Sie sollten diese Punkte und die möglichen Probleme in Erinnerung behalten, wenn Sie Ihre Remarketing-Pläne weiter ausbauen. Sie werden Ihnen sicher nicht Ihr Geschäft ruinieren, aber Sie in mancher Hinsicht einschränken.

Marketing-Taktiken für die Kunden von heute

Die Kunden von heute verlangen ein anderes Marketing und andere Werbetechniken. Warum? Weil sie cleverer sind. Nicht jeder Ihrer Kunden wird ein begeisterter Internetvermarkter sein, aber sie werden sehr wahrscheinlich wissen, wie man sie im Internet dazu bringen will, etwas zu kaufen – auch dann, wenn sie es nicht erklären können.

Kunden wissen, dass Anzeigen dazu da sind, um etwas zu verkaufen, aber was viele nicht genau verstehen ist, auf welche Art und Weise man sie zum Kaufen verführt. Die Psyche ist etwas, was immer und immer wieder genutzt werden kann, um eine Person zu überreden, etwas zu kaufen, ob sie es nun gebrauchen kann oder nicht.

Mit Remarketing und Werbebannern bestärken Sie eine Person nicht nur darin, sich daran zu erinnern, was Sie verkaufen, sondern Sie erinnern ihr Gehirn auch immer wieder und wieder daran, was Sie anbieten, wo man es findet und warum man es braucht.

Aber um dieses Wissen effektiv nutzen zu können, müssen Sie lernen, wie genau man startet. Und damit werden wir nun beginnen.

Wo sie Ihre Anzeigen kaufen können

Wenn Sie eine tolle Anzeige kreiert haben, dann können Sie diese nicht einfach auf Ihrem Desktop liegen lassen oder in einer staubigen Ecke des Internets platzieren und glauben, das würde zu Ergebnissen führen. Nein, Sie müssen wissen wo Sie Hilfe finden, um Anzeigen zu kaufen und sie auf die bestmögliche Weise zu präsentieren, indem Sie die Remarketing-Strategie nutzen.

Genau wie bei jeder anderen Geschäftsidee gilt hier: Mit den besten Ressourcen werden Sie die besten Ergebnisse erzielen.

Werbeplätze kaufen, die Ergebnisse erzielen

Etwa 98% aller User, die auf eine Webseite kommen oder auf eine Anzeige klicken, werden nichts kaufen. Das bedeutet, dass nur 2% die Profite erwirtschaften werden, die Sie mit Ihrem Webbusiness erreichen wollen. Diese Zahl sollten Sie nicht als Zeichen verstehen, aufzugeben und sich vom Internet fernzuhalten, sondern als Möglichkeit, mehr zu tun und sich selbst zu verbessern.

Mit dieser Einstellung können Sie es schaffen.

Um anzufangen und mit Remarketing und Bannerwerbung Erfolg zu haben, müssen Sie sich auf Werbeunternehmen konzentrieren, die Ihnen dabei helfen, den bestmöglichen Platz für Ihr Banner auszuwählen. Zwar könnten Sie diese aufwändige Arbeit auch allein erledigen, Sie werden aber weitaus bessere Ergebnisse erzielen, wenn Sie sich so schnell wie möglich an die Profis wenden.

Location, Location, Location

Was geschieht an bestimmten Orten im Internet? Diejenigen, die sich nicht ganz sicher sind, wie das Internet funktioniert und nur intuitiv erfassen, was passiert, müssen folgendes verstehen: Wenn Sie auf einer

Seite für Sportartikel sind, dann werden Sie mit hoher Wahrscheinlichkeit auch irgendwo Anzeigen entdecken, die ähnliche Produkte anbieten. Dahinter stecken Werbefirmen, die es direkt auf die User abgesehen haben, die bereits Interesse an dem gezeigt haben, was sie selbst auch anbieten.

Das Gleiche gilt für Werbebanner. Wenn Sie Gesichtscreme auf einer Fußballseite verkaufen, dann stehen die Chancen gut, dass Sie nicht viel von dem zurückbekommen werden, was Sie investiert haben. In der Tat werden Sie dann schnell feststellen, dass Ihre Umsätze sinken, weil Sie keine Ahnung haben, wo sich Ihr Markt befindet.

Und genau da müssen Sie ansetzen. Sie müssen sich überlegen, an welchen Orten sich die meisten potentiellen Kunden für Sie befinden werden. Die Kunden werden da sein, also sollten Ihre Werbebanner es auch sein. Damit steigern Sie Ihre Rendite und Ihre Conversion-Rate.

Denn die User, die sich auf diesen Seiten befinden, sind schon daran interessiert, auf diese Anzeigen zu klicken; haben es bisher nur noch nicht getan.

Aber je öfter Sie es schaffen, mit Ihrer Anzeige dort zu sein, wo diese Leute hingehen, desto wahrscheinlicher ist es, dass Sie auch auf Ihr Banner klicken, um zu gucken, was Sie ihnen anbieten möchten.

Sich auf bestimmte Orte zu konzentrieren, hilft Ihnen auch beim Ausbau des Wiedererkennungswertes Ihrer Marke. Wenn die User auf der oben genannten Sportseite realisieren, dass Ihre Werbung immer dann auftaucht, wenn Sie diese Seite besuchen, dann werden Sie sie in Erinnerung behalten, auch dann, wenn Sie am Ende nicht auf die Anzeige klicken.

Vielleicht besuchen Sie Ihre Hauptseite auch direkt, um Sie schauen, was Sie noch alles anzubieten haben.

Aber den richtigen Ort für Ihre Banner zu finden, kann etwas knifflig sein, da es fast eine unendliche Anzahl von Seiten gibt, auf denen Sie Ihre Kunden abfangen können. Google und andere Suchmaschinen können Sie nach der Suche des richtigen Ortes zwar unterstützen, aber vielleicht sollten Sie sich auch einmal die Dienstleistungen von anderen Unternehmen anschauen, die besser ausgebildet und ausgerüstet sind, wenn es darum geht, größere Kampagnen zu managen.

Sie werden dann die richtigen Orte auswählen, sicherstellen, dass Ihre Anzeige dort auch erscheint und, falls gewünscht, sogar die Bannertexte bearbeiten oder gleich Ihre komplette Arbeit an jemand anderen übertragen.

Wo Sie Hilfe finden

Die Liste der Leute und Firmen, die Sie bei Ihrer Remarketing-Kampagne unterstützen können, ändert sich jeden Tag. Es gibt jedoch ein paar Unternehmen, die sich langfristig etabliert haben und über einen guten Ruf verfügen.

Advertise.com

AdBrite.com

AdBuycr.com

AMPKeywords.com

AdReady.com

ArcaMax.com

Clicksor.com

MediaTraffic.com

Pulse360.com

Sie möchten es allein schaffen?

Aber vielleicht sind Sie ja einer der Menschen, die Ihre Werbekampagnen komplett allein gestalten wollen. Sie möchten Ihre Bannerwerbung allein gestalten und anschließend mit jeder Webseite aushandeln, wo sie platziert werden, wann sie erscheinen usw.

Das ist wirklich sehr viel Arbeit. Und falls Sie auch meinen, dass Ihre Zeit sehr wertvoll ist, dann sollten Sie vielleicht noch einmal darüber nachdenken, ob Sie nicht doch mit anderen Dienstleistern zusammenarbeiten wollen. Falls Sie sich Sorgen um den Kostenfaktor machen, haben wir hier ein paar Tipps für Sie:

- ## Ihre eigenen Anzeigen gestalten
  Wenn Sie Ihre eigenen Anzeigen gestalten, dann können Sie die Kosten wirklich geringhalten. Wenn Sie sich damit nicht auskennen, ist das natürlich trotzdem sehr zeitaufwändig. Sie können auch einen Freiberufler mit dieser Arbeit beauftragen.

- ## Buchen Sie nur ein kleines Paket
  Indem Sie nur ein kleines Paket buchen, um das Unternehmen, das Ihnen Traffic ohne große Investitionen versprochen hat, zu testen, verringern Sie das Risiko. Sind Sie mit den Leistungen zufrieden, können Sie mehr Werbung buchen und einiger Maßen sicher sein, dass Ihr Geld damit nicht verschwendet wird.

- ## Zahlen Sie nur weiter, wenn Sie Ergebnisse sehen

Ähnlich wie der Tipp, den wir gerade besprochen haben, sollten Sie sicherstellen, dass Sie nur dann für mehr Bannerwerbung zahlen, wenn Sie auch Ergebnisse erzielen. Manche der günstigeren Werbefirmen werden Sie nicht auf die Weise unterstützen, dass Sie wirklich Geld verdienen. Vielleicht versprechen Sie es, aber einige halten sich am Ende dann doch nicht daran.

Sie können Ihre Werbekampagnen natürlich allein gestalten, jedoch auch mit Hilfe sehr kosteneffektiv vorgehen. Am Ende geht es nur darum Geld zu machen und kein Geld zu verlieren. Vergessen Sie dabei aber nicht, dass auch Ihre Zeit Geld ist.

Wo sie stehen sollten, damit ihre Kunden aufkreuzen

Wann immer Sie das Beste aus Ihren Werbegeldern herausholen wollen, müssen Sie sich die Arbeit machen, herauszufinden, wer Ihre Kunden sind. Werbefirmen haben zwar häufig sehr gute Ideen, wenn es darum geht, die Anzeigen dort zu platzieren, wo sie am effektivsten sind, das bedeutet aber nicht, dass sie Ihre Kunden so gut kennen, wie Sie es tun.

Sie müssen eine bestimmte Kundengruppe finden, nicht einfach jeden bewerben, der Ihnen zuhört. Sie bekommen vielleicht mehr Traffic, wenn Sie Werbung für die Masse schalten, das heißt aber nicht, dass Sie am Ende auch Ihre Produkte oder Ihre Dienstleistungen verkauft bekommen. Sie sollten genau den Kunden anzielen, der bereits Interesse an dem gezeigt hat, was Sie anbieten, und der kurz davor ist, es auch zu kaufen.

Finden sie ihren Markt

Ob Ihr Markt größer oder kleiner ist, hängt von Ihrer Nische ab. Um herauszufinden, wer Ihre besten Kunden wären, sollten Sie ein paar grundlegende Informationen recherchieren. Das können Sie auf verschiedene Art und Weise tun:

- ## Sehen Sie sich Ihre treuen Kunden an
  Nehmen Sie sich etwas Zeit, um alte Bestellungen durchzusehen und herauszufinden, was sich gut verkauft hat, was nicht und wonach Ihre Kunden häufig gefragt haben. Wenn Sie neu in diesem Geschäft sind, dann nehmen Sie sich selbst als Beispiel: Was haben Sie in Ihrer Vergangenheit häufig gekauft? Und wie wurden Sie dazu gebracht, dass Sie ein Produkt dem anderen vorgezogen haben?

  Kunden die immer und immer wieder kommen, sind die Art von Kunden, die Sie mit Ihrer Werbung ansprechen sollten und die Sie in Ihren Online-Shops haben wollen. Denn es ist wesentlich einfacher, jemandem auch noch einen zweiten Artikel zu verkaufen, als komplett neue Kunden zu finden.

- ## Sehen Sie sich Ihren Traffic-Zähler an
  Wenn Sie bereits eine Webseite haben, dann checken Sie einmal Ihren Traffic-Zähler, um zu überprüfen, wie viele Besucher Sie regelmäßig haben. Gibt es irgendwo einen Abwärtstrend? Falls ja, dann versuchen Sie zu interpretieren, was passiert ist und wie Sie es hätten verhindern können. Das wird Ihnen dabei helfen, den Grund zu finden, warum Ihre Kunden weglaufen.

- ## Spähen Sie die Konkurrenz aus
  Und Sie sollten immer ein Auge auf Ihre Konkurrenz haben und welche Art von Kunden diese hat.

Eine Marktanalyse ist nichts, das sich über Nacht erledigen lässt, aber sie ist notwendig, um herauszufinden, ob Sie die richtigen Produkte und Marketingkampagnen kreieren, um am Ende auch Geld zu verdienen.

Andere Werbekampagnen kopieren

Ihre Konkurrenz ist, und das würden Sie ihr sicher niemals sagen, ist viel klüger, als sie auf den ersten Blick vielleicht aussieht. Diejenigen, die bereits Erfolg mit ihren Kampagnen haben, können Ihnen eine Menge beibringen. Schauen Sie also genau hin, was sie machen und wie sie es machen.

Nachahmung ist nur eine andere Art zu schmeicheln; natürlich nur, sofern es sich dabei nicht um ein Plagiat handelt. Versuchen Sie, ein Auge auf ein paar Ihrer Konkurrenten zu haben: Wie arbeiten sie? Wo schalten sie Ihre Werbung? Und scheint es, als würden sie regelmäßig neue Kunden dazu gewinnen?

Natürlich können Sie nicht mit Sicherheit sagen, ob die Anzeigen Ihrer Konkurrenten nun funktionieren oder nicht. Aber Sie können deren Produkte und die Reihenfolge, in der sie sie verkaufen, begutachten und daraus Rückschlüsse für Ihre eigenen Artikel und Werbekampagnen ziehen.

Sie können sich auch in Foren umsehen, wo man über Ihre Konkurrenten diskutiert, um herauszufinden, welche der Marketingkampagnen am besten funktioniert.

Es ist auch eine große Hilfe, ein paar Elemente aus den Kampagnen der anderen für sich selbst zu übernehmen, sodass deren Kunden auch zu Ihnen herübersehen.

Das bedeutet nicht, dass Sie Ihren Konkurrenten direkt kopieren dürfen; das funktioniert nicht. Aber Sie können ähnliche Anzeigen gestalten (natürlich nicht zu ähnlich), um damit die Kunden so zu verwirren, dass Sie vielleicht dieses Mal bei Ihnen einkaufen.

Die Bedürfnisse ihrer Kunden kennen

Ihre Kunden werden Ihnen genau sagen, was Sie zu tun haben, aber Sie müssen Ihnen auch zuhören. Ob Sie sich Ihnen nun direkt per E-Mail mitteilen oder durch Foren: Kunden wissen genau, was Sie wollen und was Sie nicht wollen. Alles, was Sie tun müssen, ist genau hinzuhören.

Wenn Sie bereits Kunden haben, die regelmäßig bei Ihnen bestellen, müssen Sie diese ermutigen, noch mehr zu kaufen. Das bedeutet, Sie müssen herausfinden, welche ANDEREN Dinge sie noch gebrauchen könnten, damit Sie mit Ihrem Angebot auch weiterhin zufrieden sind.

Dazu können Sie wie folgt vorgehen:

- Sich in Foren oder auf Nachrichtenportalen umsehen
- Eine Umfrage auf Ihrer Webseite starten
- Einen kostenlosen Bericht zur Verfügung stellen, um zu sehen, wie die Leute auf dessen Inhalt reagieren
- Ein verlockendes Produkt anbieten (zum Beispiel einen Artikel zum Gewicht verlieren, ohne dass man Diät halten muss), um zu sehen, wie darauf reagiert wird

Sie müssen viel probieren und testen, um herauszufinden, woran die Kunden interessiert sind und wofür sie bereit sind, Geld auszugeben. Wenn Sie Interesse an Ihrem Angebot haben, dann werden Sie es Ihnen zeigen.

Und wenn Sie sich noch immer nicht sicher sind, dann fragen Sie sie einfach. Kunden mögen es, wenn ein Unternehmen sich für das interessiert, was sie zu sagen haben.

Die Kosten für Werbeanzeigen

Wenn Sie bereit sind, Anzeigen zu kaufen, dann werden Sie bemerken, dass es eine große Bandbreite an Preisen gibt, zwischen denen Sie wählen können. Und weil die meisten Internet-Vermarkter nicht gern Geld ausgeben, kann es für sie sehr verlockend sein, sich das günstigste Angebot auszuwählen und dann auf ihre millionenschweren Umsätze zu warten.

Wenn die Dinge nur so einfach wären! Aber auch, wenn Sie Geld bezahlen müssen, um zu sehen, ob Ihre Banner-werbung effektiv ist, ist das zumindest Geld, was gut angelegt ist.

In der Vergangenheit hat man Geld für Werbung ausgegeben, die nicht funktioniert hat. Wenn Sie nun also in eine Werbekampagne investieren, die funktioniert, wird die Kapitalrendite viel schneller steigen, als sie es zuvorgetan hat.

Und am Ende werden Sie dann glücklich über das Geld sein, was Sie ausgegeben haben.

SOLLTE MARKETING TEUER SEIN?

Das Schöne an einer teilweise kränkelnden Wirtschaft ist, dass sie eine Chance für alle bietet, ein preiswertes Marketing zu organisieren. Die Preise für Werbebanner sind günstiger als je zuvor, während die Rendite höher ist. Denken Sie einmal darüber nach – Ihre Produkte haben sich wahrscheinlich nicht groß geändert, aber seitdem es im Netz die Möglichkeit von kostenloser Werbung und Marketing im Bereich Social Media gibt, kaufen nicht mehr so viele Menschen teure Werbeanzeigen.

Um die Kunden zu animieren, auch weiterhin Anzeigen zu kaufen, senken Werbefirmen überall die Preise. Natürlich kosten die Werbeplätze mit den beliebtesten Keywords und der besten Position immer noch richtig viel Geld. Aber die Art von Werbung, die Sie betreiben wollen, wird wahrscheinlich nicht wirklich teuer sein.

Sie werden in der Lage sein, Ihre Anzeigen für weniger als 100 Euro an relevanten Orten zu platzieren und schon bald darauf die ersten Ergebnisse zu sehen. Es wird vielleicht nicht der Übernachterfolg werden, der sich daraus ergibt, aber Sie werden schon bald feststellen, dass Sie nicht viel Zeit und viel Geld investieren müssen, damit Ihr Unternehmen und seine Produkte oder seine Dienstleistungen bemerkt wird.

Sie müssen nur das Remarketing-Verfahren anwenden, damit die Anzeigen Menschen anziehen können, die Ihr Unternehmen ansonsten nicht bemerkt hätten.

Es gibt Unternehmer, die setzen viel Geld zu investieren damit gleich, auch viel Geld zu verdienen. Aber es schadet niemals, erst einmal klein anzufangen und sich langsam heranzutasten, anstatt viel Geld zu zahlen, ohne dass man sich sicher sein kann, dass die Werbekampagne auch funktioniert; sein Geld also womöglich als Preis der eigenen Unerfahrenheit verschwendet wird.

Unterm Strich bedeutet viel Geld zu investieren zwar viel Traffic zu generieren, aber es ist vielleicht nicht diese Art von Traffic, die für Ihre Webseite und Ihr Unternehmen nützlich ist. Die klügere Vorgehensweise ist, erst einmal seinen Zeh ins kalte Wasser zu halten, um zu sehen, was passiert – und die Werbung erst dann auszubauen, wenn man mehr Geld verdient und eher nachvollziehen kann, auf welche Banner Kunden reagieren und auf welche nicht.

Ihre Anzeige erstellen

Ihre Werbebanner haben die Fähigkeit, den Traffic zu generieren, mit dem Ihre Profite in die Höhe schießen können. Aber wenn Sie die Leute auf Ihre Webseite und all Ihre Angebote aufmerksam machen wollen, dann reicht es nicht, wenn die Banner nur gut sind. Sie müssen wunderbar, verlockend und verführerisch sein.

Das ist eine schwierige Aufgabe, wenn Sie neu in der Werbewelt sind. Vielleicht wissen Sie, was Sie nicht in Ihrer Anzeige haben wollen, aber es ist um einiges schwieriger, herauszufinden, was GENAU denn zu sehen sein soll.

Also werden wir Ihnen ein wenig unter die Arme greifen. Wenn es um das Optimieren Ihres Marketings geht, ist das Erstellen von Anzeigen ein Prozess, der Ihnen dabei hilft, herauszufinden, was für Sie funktioniert und was nicht. Die Kunden jedes Vermarkters sind anders. Logisch! Also kann es passieren, dass Sie bestimmte Taktiken anwenden müssen, die bei anderen nicht funktionieren und andersherum.

Die Grundlagen für eine erfolgreiche Anzeige

Ein Werbebanner sieht aus wie etwas, was man ganz einfach erstellen kann, wenn man sie im Internet betrachtet. Es ist ja nichts weiter, als ein kleines Rechteck mit einigen Farben und Worten darin, dass Kunden einen schnellen Überblick gibt und sie dazu verführt, es anzuklicken, um weitere Informationen zu erhalten.

Aber natürlich ist die ganze Geschichte etwas komplizierter. Bevor Sie anfangen, selbst eine Anzeige zu gestalten, müssen Sie die verschiedenen Regeln dafür kennen und auch beachten, dass diese sich verändern können – abhängig davon, was für Anzeigen es sind, wo sie erscheinen sollen usw.

Die Regeln für Werbebanner (in den meisten Fällen)

Werbebanner werden als 'Werbeeinheiten' bezeichnet. Das ist die übliche Betrachtungsweise in der Welt der Online-werbung, um eine klare Definition dessen zu haben, was Werbung ist und was nicht.

Diese Art von Werbung ist ein Bereich, der vom Internet Advertising Bureau gegründet wurde, um Chancengleichheit bei der Platzverteilung zu bieten. Trotzdem kann jemand, der sehr viel Geld hat, natürlich immer noch ganzseitige Anzeigen kaufen und den Werbemarkt bestimmen.

Bei Bannerwerbung wurden die Maße standardisiert, weil auch die Bereiche, in denen Werbung geschaltet wird, häufig Einheitsgrößen haben. Natürlich behalten aber diejenigen, die die Anzeigen veröffentlichen, immer das letzte Wort und können die Maße oder die Bestimmungen über die Inhalte ändern, wenn sie es wollen.

Sie haben sicher auch schon Werbung gesehen, die viel größer ist, als es ein Werbebanner üblicherweise ist. In dem Fall haben die Werbetreibenden und die, die das Ganze veröffentlichen, eine Vereinbarung getroffen.

Manche Online-Zeitschriften haben große Werbeanzeigen, die über ganze Artikel reichen und vom User weggeklickt werden müssen. Andere Seiten folgen lieber den "Regeln" und veröffentlichen nur in den kleineren Randregionen Banner.

Letztendlich müssen Sie sich also immer an denen orientieren, die Ihre Anzeige veröffentlichen, und Ihre Banner nach deren Ansprüchen gestalten.

Die Form eines Werbebanners

Bannerwerbung ist ein Teil des Marketings, der wirklich unkompliziert scheint. Man hat einen bestimmten Raum, auf welchen man eine Person überzeugen muss, den Link anzuklicken.

Werbebanner fallen in den Bereich der Schaukasten-Anzeigen. Das ist Werbung, die sich innerhalb bestimmter festgesetzter Größen orientiert:

- 728 x 90
- 300 x 250
- 160 x 600

Abhängig von der Person, die Ihre Anzeige veröffentlichen wird, können oder müssen Sie diese vergrößern oder verkleinern. Unter Umständen können Sie also mehr Informationen unterbringen.

Aber auch, wenn Sie nur eine kleine Textanzeige gestalten, können die Worte in Ihrer Anzeige für mehr Aufsehen sorgen, als Sie glauben. Häufig glauben neue Werbetreibende, sie müssten die Betrachter irgendwie schocken oder den Fokus auf ein bestimmtes Bild legen, um die Leser auszutricksen. Dabei vergessen sie aber, dass die Leute nicht gern ausgetrickst werden.

Was sie von einer Bannerwerbung erwarten, ist folgendes:

- Etwas über das Produkt zu erfahren
- Herauszufinden, was dieses Produkt zu etwas Besonderem macht
- Wie sie vorgehen müssen, um eine Bestellung aufzugeben

Sie sollten die Kunden nicht mit Ihrer Anzeige verwirren. Sie sollten exakt wissen, warum Sie Ihrer Werbung Aufmerksamkeit schenken und sich Ihr Angebot ansehen müssen. Wenn Sie Dinge im Unklaren lassen, dann sorgen Sie nur für Durcheinander und für ein Banner, der nicht die Ergebnisse bringt, die Sie vielleicht erwartet haben.

Hier sind einige Dinge, die Sie bei Ihrer Bannerwerbung beachten sollten:

- ## Bringen Sie Ihre Nachricht auf den Punkt
  Auch wenn Sie einige Worte und Erklärungen miteinfügen sollten, bedeutet das nicht, dass Sie auch jedes noch so kleine Detail über Ihr Produkt mit einbringen müssen. Beachten Sie, dass Menschen im Internet den Anzeigen nur einen ziemlich kurzen Moment Ihrer Aufmerksamkeit schenken. Wählen Sie Ihre Worte daher so effektiv wie möglich – und auch nur diese,

die wirklich auf den Punkt bringen, was Sie anbieten und warum es wichtig ist, zu klicken.

• Rufen Sie zum Handeln auf

Eine grundlegende Verkaufstaktik ist, etwas Druck auf die Person auszuüben, die sich die Anzeige ansieht. Fügen Sie etwas wie 'Rufen Sie jetzt an' oder 'Klicken Sie hier innerhalb der nächsten 5 Minuten' mit ein, um sicherzustellen, dass der Betrachter auch handelt. Ein Zeitlimit, ein begrenztes Angebot oder ein paar Emotionen, wird die Wahrscheinlichkeit, dass die User auf Ihren Link klicken, erhöhen.

• Geben Sie den Usern einen Grund

Wenn jemand Ihre Bannerwerbung sieht, dann braucht er auch einen Grund, diese anzuklicken. Deshalb findet man so oft kostenlose Angebote im Internet. Wenn man den Usern etwas anbietet, was Sie gernhätten, dann kann man sie einfach auf die eigenen Webseiten locken. Geben Sie den Leuten einen Grund, auf Ihre Werbung zu klicken und Sie werden es tun!

• Stellen Sie sicher, dass die Richtung eindeutig ist

Es gibt nichts, was frustrierender ist, als ein Werbebanner, der keine klare Aussage darüber trifft, was Sie tun müssen, um mehr Informationen zu bekommen oder das Produkt zu bestellen. Stellen Sie also sicher, dass es deutlich wird, wo der Kunde klicken muss, damit sie Ihnen auch den Traffic (und hoffentlich die Verkäufe) bringen, die Sie für Ihre Investition erwarten.

• Kennen Sie Ihre Nische

Wenn Ihre Bannerwerbung sich nicht an Ihre Zielgruppe wendet, dann wird sie auch nicht erfolgreich sein. Sie müssen darauf achten, dass sie auch genau auf Ihren Markt zugeschnitten ist.

- ## Ziehen Sie Rich-Media-Techniken in Betracht

  Wenn Sie mehr Beachtung wünschen, dann können Sie auch Flash Animationen mit einbinden. Manch einer findet diese Effekthascherei etwas nervig, aber wenn der komplette Bildschirm mit Text gefüllt ist, dann muss man manchmal etwas mehr tun, um die gewünschten Ergebnisse zu erzielen.

- ## Achten Sie darauf, dass Ihre URL eingebunden wird

  Die Adresse Ihrer Webseite sollte, wann immer es möglich ist, auch als Text auf Ihrer Anzeige erscheinen. Das wird die Besucher Ihrer Seite erhöhen – und im Endeffekt auch Ihre Kapitalrendite.

Selbst ohne einem Remarketing-Plan würden diese Regeln ausreichend sein, um die Effektivität Ihrer Anzeigen zu steigern.

Das Einmaleins des Werbebannertextens

Beim Schreiben von Werbeanzeigen, egal für welches Produkt oder für welche Dienstleistung, müssen klar entscheiden, welche Informationen enthalten sein sollen und welche nicht. Sie müssen die verschiedenen Teile des Banners betrachten und herausfinden, wie Sie Ihren Text so platzieren können, dass er einerseits den Betrachtern sofort ins Auge sticht und sie andererseits auch dazu animiert, auf den Link zu klicken.

Sie müssen sicherstellen, bestimmte Keywords mit in Ihre Bannerwerbung zu integrieren, damit diese dann später dort erscheinen, wo Ihre Kunden auch sind. Um herauszufinden, welche die effektivsten Keywords für Sie sind, können Sie ein kostenloses Tool verwenden, zum Beispiel Google Ad Words. Klicken Sie auf nachfolgenden Link, um die Seite zu besuchen: Google Ad Words Webseite

Damit können Sie herausfinden, welche Wörter und Suchbegriffe am häufigsten verwendet werden. Werbung mit den besseren Keywords ist zwar teurer, aber im Endeffekt zahlt sich diese auf jeden Fall aus.

Aber kommen wir nun dazu, wie Sie Ihre Bannerwerbung selbst erstellen können – zum Beispiel mit einem Programm wie Adobe Photoshop, das auf vielen Computern installiert ist oder einfach installiert werden kann.

1. Beginnen Sie, indem Sie das Adobe Programm öffnen und ein neues Dokument öffnen, in dem Sie die Bannerwerbung erstellen. Am besten speichern sie es sofort unter einem bestimmten Namen, sodass Sie es einfach wiederfinden und immer einmal zwischenspeichern können.

2. Sie müssen dann die Größe Ihres Banners festlegen. Die ideale Größe für ein Logo beträgt 468 x 60 Pixel. Sie sollten jedoch vorher schauen, wo das Banner veröffentlicht werden soll, um sicherzugehen, dass er die passenden Maße hat.

3. Als nächstes muss die Auflösung des Werbebanners festgelegt werden, was für viele Leute ein kniffliges Thema ist. Einerseits möchte man natürlich, dass der Banner toll auf dem Bildschirm aussieht, andererseits sollte die Auflösung aber auch nicht zu groß sein, weil die Anzeige sonst zu langsam lädt. Wählen Sie lieber eine etwas geringere Auflösung für den Anfang. Sie können es später immer noch ändern.

4. Anschließend werden Sie gebeten, einen schwarzen oder weißen Hintergrund auszuwählen, bevor Sie OKAY drücken und beginnen können, Ihr Werbe-banner zu gestalten.

5. Um beginnen zu können, müssen Sie bereits die Grafik in einer Datei gespeichert haben, genau wie den Text, den Sie vielleicht schon früher in Adobe Photoshop gestaltet haben.

6. Gehen Sie auf Datei und öffnen Sie das Bild, das Sie für Ihr Banner nutzen wollen. Es wird dann in Ihrem Arbeitsbereich erscheinen und Sie können seine Größe so ändern, dass es genau in das Banner hineinpasst.

7. Klicken Sie auf den Bereich Tools, um das Bild weiter zu bearbeiten. Von dort aus können Sie das Bild kopieren und in den Bannerbereich setzen. Sie können die Größe der Grafik dort weiter variieren.

8. Die Ränder des Bildes können auch angepasst werden, damit Sie am Ende so passenden wie möglich sind.

9. Wenn Sie dabei die Shift-Taste gedrückt halten, dann stellen Sie sicher, dass das Bild auch in der gleichen Größe und Position bleibt und sich am Ende nicht noch unbeabsichtigt verschiebt.

10. Sobald Sie mit der Position des Bildes zufrieden sind, können Sie das Kontrollkästchen anklicken, um das Design festzulegen.

11. Wenn irgendetwas verschwommen ist, dann gehen Sie auf "Filter", "Schärfen" und dann auf "Unscharf Markieren", um es schärfer erscheinen zu lassen.

12. Wiederholen Sie alle Schritte nachdem Sie den Text eingefügt haben.

Für viele Leute ist die Erstellung eines Banners weit von Ihren Fähigkeiten entfernt und viel mehr Arbeit, als sie wirklich investieren wollen. Vielleicht haben Sie vor, das Ganze einmal in der Zukunft auszuprobieren, aber es ist nichts, was Sie unbedingt jetzt meistern müssten, um einen Banner für eine Werbekampagne zu gestalten.

Es gibt nämlich auch Online-Programme und Profis, die Ihnen diese Arbeit abnehmen können. Darauf wollen wir jetzt weiter eingehen.

Anzeigen auf Effektivität überprüfen

Wenn Sie bereits Banner haben, die Sie bereits in der Vergangenheit verwendet haben, ist es eine gute Idee, wenn Sie diese auch weiterhin benutzen, insbesondere dann, wenn sie sich bereits als erfolgreich herausgestellt haben. Auf diese Art und Weise können Sie direkt mit einer Kampagne starten, die die besten Chancen hat, erfolgreich und effektiv zu sein.

Wenn Ihre Banner dann erst einmal veröffentlicht sind, ist es Zeit, zu testen. Das ist wichtig, sofern Sie diese Art des Marketings vorher noch nicht betrieben haben – besonders dann, wenn es um Remarketing geht.

Sie möchten sicher sein, dass Menschen vom ersten Moment an von Ihrer Anzeige begeistert sind. Auch kleine Sachen und Unterschiede in Ihren Anzeigen können da den großen Unterschied zwischen Usern machen, die auf den Link klicken oder einfach ignorieren, was Sie zu sagen haben.

Hier sind ein paar Möglichkeiten, mit denen Sie Ihre Werbung austesten können:

- ## Gestalten Sie verschiedene Versionen Ihrer Bannerwerbung

  Idealer Weise gestalten Sie gleich drei verschiedene Banner, um zu überprüfen, wie diese auf die User wirken. Sie können sie jeweils in Ihrer Remarketing-Kampagne rotieren lassen und überprüfen, welches die meisten Klicks bekommt. Das Banner, das sich dann als erfolgreichsten herausstellt, kann auch für den Rest der Kampagne eingesetzt werden.

- ## Wählen Sie verschiedene Farben

  Häufig glaubt man gar nicht, dass Farben wirklich so sehr zählen, aber das tun sie. Manchmal werden Kunden allein von Farben beeinflusst, von denen man niemals gedacht hätte, dass sie eine bestimmte Wirkung haben. Indem Sie die gleichen Banner an unterschiedlichen Orten in verschiedenen Farben veröffentlichen, können Sie herausfinden, welche Farben auf mehr Resonanz stoßen, als andere.

- ## Versuchen Sie es mit verschiedenen Botschaften

  Natürlich sind es die von Ihnen gewählten Worte, die am meisten zählen. Wenn Sie ein Banner mit einem besonders tollen Text haben, der es den Leuten sofort möglich macht, zu verstehen, warum sie den Link anklicken sollten, versuchen Sie diesen Text auch in so vielen anderen Anzeigen wie möglich einzusetzen oder zu imitieren. Indem Sie Ihre Banner mit verschiedenen Botschaften ausstatten und sie an unterschiedlichen Orten veröffentlichen, können Sie herausfinden, welche von ihnen am besten funktioniert.

Das Testen der Anzeigen ist natürlich eine Menge Arbeit, aber nur so können Sie auch erkennen, was funktioniert und was nicht und Banner erstellen, die wirklich effektiv sind.

Werbefachleute finden

Wenn Sie trotz dieser ganzen Anleitungen finden, dass es zum umständlich und zeitaufwändig ist, selbst Banner zu erstellen, sollten Sie sich an Fachleute wenden. Vielleicht sind Sie ja in der Lage, Werbung zu gestalten, die 'gut genug' ist, aber trotzdem nicht die Effektivität bringt, die Sie sich wünschen.

Warum sollte man auf diese Effektivität warten? Es gibt genug Profis, mit denen Sie zusammenarbeiten können, um erfolgreiche und profitable Bannerwerbung zu gestalten.

Werbebanner-Firmen

Wenn Sie das Erstellen von Bannern anderen überlassen, dann wenden Sie sich am besten an Firmen, die sich genau auf diesen Bereich spezialisiert haben. Sie haben ausreichend Erfahrungen, weil Sie genau die gleiche Arbeit schon für tausend andere Kunden übernommen haben.

Aber natürlich gibt es nicht nur gute Unternehmen, sondern auch ein paar schwarze Schafe – und manchmal kann es schwierig sein, von Anfang an den Unterschied zwischen beiden zu erkennen. Im Folgenden sind ein paar Firmen aufgeführt, die Sie vielleicht in Betracht ziehen wollen. Aber natürlich gibt es auch noch sehr viel andere, die entweder die gesamte Arbeit für Sie übernehmen oder die Ihnen Zugang zu Online-Tools geben, mit denen Sie Ihre Banner selbst gestalten können.

- www.webdesign501.de
- www.bannermekka.com
- www.bannerexpress.de
- www.bannerdesigner24.de
- bannerdesigner.net

Noch einmal: Das ist keine ausführliche Liste!

Deshalb sind hier noch ein paar Tipps, mit denen Sie den besten Banner-Designer für Ihre Bedürfnisse finden:

• Sie sind vom Design beeindruckt

Wenn Sie die Webseite von Banner-Designern besuchen, sollten Sie sofort begeistert sein, von dem, was Sie sehen. Das Unternehmen sollte in der Lage sein, Banner zu kreieren, auf die Sie selbst klicken würden. Zusatzpunkte sollten die Firmen bekommen, auf die Sie durch eine Ihrer Anzeigen gefunden haben. Das beweist, dass deren Arbeit zumindest bei Ihnen wirkt.

• Der Preis ist nicht zu niedrig

Natürlich wollen Sie so wenig Geld wie möglich ausgeben, aber in den meisten Fällen gibt es auch einen Grund dafür, warum etwas so günstig ist. Vielleicht kopieren diese Firmen Anzeigen von anderen oder liefern nicht die Qualität, die Sie sich wünschen.

• Sie haben die Möglichkeit Teil des Entwicklungsprozesses zu sein

Eine gute Bannerfirma sollte gewillt sein, direkt mit Ihnen zusammenzuarbeiten, um sicherzustellen, dass Sie zufrieden sind und dass das, was Sie Ihren Kunden mitteilen wollen, auch umgesetzt wurde.

- ## Sie haben Erfahrungen

    Je mehr Erfahrungen das Unternehmen hat, desto besser ist das für Sie und für das Endergebnis.

Nehmen Sie sich ein wenig Zeit, um die verschiedenen Banner-Designer und Firmen zu beurteilen. Firmen können für eine Zusammenarbeit die bessere Wahl sein, weil sie in vielen Fällen nicht nur Grafikdesigner, sondern auch Texter angestellt haben, die Sie dabei unterstützen können, die richtige Botschaft für Ihre Bedürfnisse zu finden.

Achten Sie unbedingt darauf, dass die Firma auch einen guten Ruf in der Marketingwelt hat. Wenn Sie jemanden auswählen, bei dem das nicht der Fall ist, riskieren Sie nicht nur, umsonst Geld auszugeben, sondern setzen auch den Ruf Ihres eigenen Geschäfts aufs Spiel.

Freiberufliche Grafikdesigner

Vielleicht möchten Sie auch mit Freiberuflern zusammenarbeiten, die man über bestimmte Freiberuflerportale findet. Diese Fachleute sind häufig in mehr als nur einem einzelnen Bereich tätig oder empfehlen Ihnen Freunde, die für Sie texten oder für Sie den richtigen Werbeplatz finden.

Auf folgenden Seiten können Sie solche Freiberufler finden:

- www.webdesign501.de
- www.interlance.de
- www.freelance.de
- www.freelancer-suche.com
- www.freelance-market.de
- www.pro-publish.com

Das Positive bei der Arbeit mit einem Freiberufler, ist, dass diese sich in den meisten Fällen immer nur auf einen Kunden konzentrieren. Das hat natürlich auch einen ganz entscheidenden Vorteil in der Qualität des Endergebnisses. Nachteil ist, dass Sie sich eventuell nach anderen Leuten umsehen müssten, die das Texten für Sie übernehmen, sofern das nicht Ihre eigene Stärke ist.

Folgende Dinge sollte man bei der Arbeit mit Freiberuflern beachten:

• Erfahrung

Sie brauchen jemanden, der Erfahrung darin hat, effektive Banner zu erstellen, die auch noch gut aussehen. Ziehen Sie also Jobber vor, die nicht zum ersten Mal Banner gestalten.

• Software

Der Freiberufler sollte mindestens Adobe Photoshop 7.0 haben, um Ihrem Banner auch einen professionellen Look verpassen zu können.

- ## Referenzen

  Schauen Sie sich mindestens fünf andere Werbebanner an, die von dem Jobber gestaltet wurden, um herauszufinden, ob diese Ihrem Stil entsprechen und verlockend wirken.

- ## Preise

  Ein Freiberufler wird wahrscheinlich ein wenig mehr berechnen, als eine Firma, weil er Aufwand und Leistung berücksichtigen muss.

- ## Zeitaufwand

  In manchen Fällen nehmen Freiberufler sich mehr Zeit für die Fertigstellung ihrer Arbeit, als Firmen. Sie sollten also eine Deadline für Ihr Projekt erstellen und festhalten, bevor Sie irgendwelche Verträge unterschreiben.

Ein weiterer Vorteil, mit einem freiberuflichen Grafikdesigner zusammenzuarbeiten, ist, dass man mit ihm auch zukünftig oder in anderen Marketingbereichen zusammenarbeiten kann. Mit einer Person zusammenzuarbeiten, ist immer besser, als mit vielen verschiedenen.

Wann Sie etwas ändern müssen

Glauben Sie bei all dem Gerede über das Erstellen von Werbebannern jedoch nicht, dass Sie einfach ein paar Anzeigen erstellen können und Sie diese dann niemals austauschen müssen. Super, wenn Sie beliebt sind und funktionieren! In diesem Fall müssen Sie natürlich nichts ändern. Aber im Laufe der Zeit sollten Sie auch beweisen, dass Sie innovativ und spritzig sind – jemand, der die sich verändernden Bedürfnisse seiner Kunden versteht.

Hier sind einige Zeichen, die darauf hinweisen, dass Sie etwas an Ihrer Bannerkampagne ändern sollten:

• Ihre Traffic-Zahlen steigen nicht mehr

Wenn Sie nicht zufrieden mit Ihren Traffic-Zahlen sind, dann ist es vielleicht an der Zeit, eine neue Werbekampagne. Manchmal müssen Remarketing-Kampagnen etwas nachgebessert werden.

• Einige Banner funktionieren nicht mehr gut oder gar nicht mehr

Irgendwann werden Banner nicht mehr so gut funktionieren, wie sie es einmal getan haben. In diesen Fällen müssen Sie sie austauschen und beobachten, ob anschließend Veränderungen eintreten.

• Sie haben ein neues Produkt

Wann immer Sie ein neues Produkt oder eine neue Dienstleistung anbieten, ist es auch an der Zeit, eine neue Anzeige zu kreieren, die das Ganze bewirbt und Kunden, die bereits bei Ihnen eingekauft haben, zeigt, dass es etwas Neues gibt.

Wenn Sie eine bestimmte Struktur und tolle Worte hatten, die super funktionierten, können Sie das natürlich so weit wie möglich beibehalten. Denn warum sollte man etwas verändern, das Erfolg hat?

Es könnte aber auch passieren, dass sie die User verwirren, wenn Ihr neues Banner am Ende fast genauso aussieht, wie das alte. Sie müssen Ihre Anzeigen also soweit verändern, dass Neues auch neu aussieht und nicht nur wie etwas Altes, das umgestaltet wurde.

Ihre Banner müssen eine hohe Qualität aufweisen und dort platziert werden, wo sie von den Leuten gesehen werden, die sie als Ihre Kunden gewinnen wollen. Je mehr Zeit Sie damit verbringen, Ihre Anzeigen zu gestalten und den richtigen Ort für Sie zu finden, desto mehr Geld werden Sie mit Ihren Mühen machen.

Und das ist Ihr Ziel, richtig? Aber natürlich gibt es noch viel mehr Geheimnisse, zum Beispiel wie genau man erfolgreiche Botschaften für Banner schreibt.

Werbetext-Geheimnisse für Banner

Sie wissen, wie man Anzeigen erstellt und wie Sie jemanden anstellen, der das für Sie erledigt. Aber damit ist die Sache nicht getan. Genau wie die Person, die für Sie arbeitet, müssen Sie wissen, welche Texte für Banner funktionieren. Wie können Sie sonst wissen, ob man Ihnen gute Qualität liefert? Im Endeffekt würden Sie vielleicht für etwas bezahlen, das Ihnen keine Umsätze bringt.

Die Geheimnisse des Werbetextens werden nicht gern verraten, denn logischer Weise möchte niemand, dass eine andere Person herausfindet, wie man mit der eigenen Strategie User dazu bringen kann, die Anzeigen anzuklicken und etwas zu kaufen.

Aber es ist wirklich einfacher, als es aussieht und sogar noch einfacher, als es klingt. Sie müssen sich das Erstellen von Anzeigen nur als dreiteiligen Prozess vorstellen: Sie anlocken, es ihnen beweisen und zu einer Handlung aufrufen. In diesem Abschnitt werden wir über alle drei Schritte sprechen und darüber, wie man dafür sorgt, dass in jeder Anzeige so viele dieser Tipps wie möglich umgesetzt werden.

Je mehr Sie nutzen können, desto besser!

Sie anlocken

Wir alle haben schon Bannerwerbung gesehen, aber für gewöhnlich erinnern wir uns nicht an sie, richtig? Nein, erinnern tun wir uns nur an diejenigen, die wirklich ins Auge stechen oder die etwas anbieten, nach dem wir sowieso schon länger gesucht haben.

Es gibt also ein paar Dinge, die Sie im Hinterkopf behalten sollten, wenn Sie damit beginnen, die Anzeige zu gestalten.

Den Nutzen herausarbeiten

Wenn Sie Ihren Markt schon ausreichend analysiert haben, dann wissen Sie, dass Ihr Produkt ein Produkt ist, das man braucht. Sofern Sie sich nicht sicher sind, was Sie eigentlich verkaufen wollen, dann denken Sie als allererstes an den NUTZEN. Menschen können immer dazu überzeugt werden, Dinge zu kaufen, die sie brauchen – oder Dinge, von denen sie annehmen, dass sie sie brauchen.

Wenn Sie Beispielsweise Müllbeutel anbieten, klingt das nicht sonderlich spannend. Aber Sie sind nötig. Sie sind etwas, was Menschen täglich brauchen, um ihr Zuhause von Müll zu befreien. Wenn Sie diese Art von unerlässlichen Produkten irgendwie besser machen können, werden die Leute nicht nur fasziniert sind, sondern auch kurz davor, sie zu kaufen. Warum? Weil Sie bereits den Nutzen von dem kennen, was Sie anbieten. Wenn sie über das Produkt nachdenken, denken sie, sie müssten sowieso Mülltüten kaufen – und fragen sich dann automatisch, warum gerade Ihre Mülltüten so besonders sind.

Nun verkauft nicht jeder ein Produkt, das bereits einen allseits bekannten Nutzen hat, aber man ist in der Lage so einen Nutzen selbst zu kreieren. Als Beispiel denken wir hier einmal an die neueren Halogen-Glühbirnen, die mindestens sieben Jahre halten sollen. Die Menschen haben bereits Glühbirnen, die sie zu einem günstigen Preis erstehen können. Warum sollten sie diese neueren kaufen?

Als man begonnen hat, diese zu vermarkten, hat man nicht nur an den Nutzen von Licht gedacht, sondern auch an andere Vorteile:

- Spendet Licht
- Hält sieben Jahre
- Ist umweltfreundlich
- Ist energieeffizient
- Ist heller

Es ist ein alter Verkaufstrick: Bringen Sie Ihre Zielgruppe dazu, mit Ihnen überein zu stimmen, dass Ihr Produkt gebraucht wird. Anschließend steigern Sie diesen Nutzen, indem Sie noch bessere Dinge hinzufügen, sodass die Leute auch mit der Idee übereinstimmen, dass sie dieses Produkt kaufen müssen.

Erstellen Sie eine Liste mit Dingen, die für Kunden ansprechend sind. Fällt Ihnen kein Nutzen ein, dann müssen Sie ein anderes Produkt auswählen.

Zuerst die Vorteile

Wenn Sie etwas verkaufen wollen, müssen Sie zunächst alle Vorteile herausarbeiten, die das Produkt oder der Service den Kunden bringt.

- Was tut es?
- Was macht es besser?
- Was kann es, was niemand sonst kann?
- Wofür wird es sorgen?
- Wie wird es das Leben vereinfachen?
- Wie kann es jemanden gesünder machen?

Konzentrieren Sie sich bei Ihren Werbebannern auf das, was die Kunden über Ihr Produkt sagen würden, nachdem Sie es gekauft haben. Die Kunden sollen den Artikel mit nach Hause nehmen und dabei daran denken, dass all die von Ihnen aufgezählten Vorteile wirklich war wären.

Sorgen Sie dafür, dass jeder Ihrer Banner auf einen dieser vielen Vorteile hinweist – und jedes nachfolgende Banner einen anderen Vorteil herausarbeitet. Dadurch wird die Klickrate steigen. Denn jedes Mal erkennt ein Kunde noch einen WEITEREN Vorteil des Produkts, das Sie ihm verkaufen wollen.

Relevanz

Wenn Sie etwas bewerben, das den Leuten, die es sich ansehen, nicht gefällt, dann werden Sie nicht sehr viel Erfolg haben. Vielleicht gibt es ein paar Klicks aus Neugier, aber sicher keine großartigen Verkäufe. Sie müssen also sicherstellen, dass Ihre Bannerwerbung zu den Themen auf der Webseite passt und eine gewisse Relevanz hat. Im nächsten Kapitel werden wir darüber sprechen, wie man bestimmte Remarketing-Techniken anwendet, um den Banner dort erscheinen zu lassen, wo Leute sind, die sich wirklich dafür interessieren.

Sorgen Sie in der Zwischenzeit dafür, dass Ihre Anzeigen Relevanz haben.

- Spielt das Produkt oder die Dienstleistung eine Rolle?
- Wollen die Leute es kaufen?
- Wird der Artikel heutzutage noch verwendet?
- Wird der Artikel auch noch in Zukunft verwendet werden?
- Ist er up to date?
- Wird er mit anderen – besseren – Produkten konkurrieren müssen?

Kunden riechen es, wenn ein Artikel nicht wirklich wichtig ist. Deshalb müssen Sie sich selbst so viele Fragen wie möglich stellen, um sicherzugehen, dass Sie etwas bewerben, das auch wirklich einen Mehrwert hat.

Die Gefühle ansprechen

Marketing und Werbung haben im Laufe der Zeit eine immer größere Rolle gespielt, weil man realisiert hat, dass die Gefühle der Menschen viel leichter zu beeinflussen waren, als die Logik – und dass diese Gefühle sogar häufig die Logik hintenanstehen lassen.

Leute reagieren unterschiedlich auf verschiedene Einflüsse. Manche weinen bei einem traurigen Film, andere nicht. Wenn es Ihnen gelingt, die Gefühle des Kunden anzusprechen, können Sie seine Fähigkeit, logisch zu denken, ausschalten.

Wenn zum Beispiel Make-up vermarktet wird, geht es nicht in erster Linie darum, wie das der Haut hilft oder ob es einen Gesundheitseffekt hat. Stattdessen werden uns Bilder von attraktiven Menschen gezeigt, die Spaß haben und lachen. Damit möchte man die Person, die sich diese Werbung ansieht, glauben machen, dass das Make-up dazu führen wird, selbst so viel Spaß zu haben.

Anderes Beispiel: Wenn ein Werbespot über einen traurigen Moment, mit dem man positiv umgeht, im Fernsehen läuft, werden die Zuschauer auch verführt das beworbene Produkt zu kaufen, weil sie es mit der hervorgerufenen Emotion in Verbindung bringen.

Emotionen öffnen die Türen direkt zur Geldbörse der Kunden. Sie lassen sich beeinflussen von:

- Wut
- Traurigkeit
- Mitleid
- Fröhlichkeit
- Sorge
- Angst

… und auch von vielen anderen Gefühlen. Je mehr eine Person von etwas angelockt wird, desto mehr wollen sie darüber herausfinden. Ein anderer Weg, Bannerwerbung zu nutzen, damit die Kunden bei Ihnen einkaufen: Die Werbung muss bei den Kunden ein bestimmtes Gefühl auslösen und das beworbene Produkt ist dafür da, dieses Gefühl aufzuheben und durch ein anderes zu ersetzen.

Ihre Aufgabe ist es also, für Ihren Entwurf eine Emotion zu kreieren, die die Leute fesselt. Auch wenn es nur ein trauriges Bild mit einer hoffnungsvollen Botschaft ist: Finden Sie einen Weg, die Betrachter emotional zu berühren, sodass diese in der Lage sind zu glauben, sie werden sich besser fühlen, indem sie das Produkt kaufen.

Was die Menschen wollen

Sie haben bereits herausgefunden, wie man mit den Bedürfnissen eines Kunden umgeht. Die Wünsche der Kunden sind jedoch ein ganz anderes Thema. Wenn eine Person wirklich etwas haben MÖCHTE, dann wird sie sich auch genau das besorgen, unabhängig von dem, was sie sieht. Das erfordert eine andere Form der Werbung; eine, die den Leuten Ihre Träume und Wünsche vor Augen führt:

- Eine glückliche Beziehung
- Gewichtsverlust
- Mehr Geld

Sie verstehen, was ich meine. Indem man eine Verbindung mit dem Kunden und den Dingen erschafft, die sie sich in ihrem Leben wünschen, werden Sie Aufmerksamkeit bekommen. Denn dann möchte der Kunde herausfinden, ob Sie tatsächlich in der Lage sind, alle seine Probleme zu lösen oder ihm zumindest ein paar seiner Wünsche erfüllen können.

Erstellen Sie eine Liste mit den Wünschen, die Leute mit Ihrem Produkt in Verbindung bringen könnten, und finden Sie einen Weg, das mit in Ihren Entwurf einzubauen. Es kann auch etwas ganz Simples sein, zum Beispiel die Frage: Möchten Sie zehn Kilo verlieren ohne zu hungern?

Damit unterstreichen Sie den Wunsch des Kunden und bringen ihn dazu, sich zu fragen, ob Sie vielleicht etwas anbieten, das ihm weiterhelfen könnte. Dementsprechend wird er auch auf Ihre Anzeige klicken.

BILDER ERZÄHLEN GESCHICHTEN

Es stimmt. Während Worte zwar effektiv sind, wenn es darum geht, zu erklären, was Sie anbieten und warum Sie es anbieten, sind es die Bilder mit denen Ihre Bannerwerbung steht oder fällt. Sie müssen ein Banner erstellen, der die Leute dazu bringt, sich den Text überhaupt durchzulesen, um dann mehr erfahren zu wollen.

Das Bild könnte etwas darstellen, was passieren könnte, nachdem man das Produkt verwendet hat, zum Beispiel ein Vorher-Nachher-Bild beim Thema Gewichtsverlust.

Oder Sie wählen ein Bild aus, das – genau wie oben beschrieben – eine Emotion hervorruft. Denn wenn Sie das schaffen, dann wird die Person auch Ihren Text lesen, der sie wiederum dazu bringen wird, die Anzeige anzuklicken.

Das Bild sollte einfach und scharf sein und einen sofort in seinen Bann ziehen. Es sollte eindeutig sein, was auf dem Bild passiert, warum es wichtig ist und was es mit Ihrem Produkt oder Ihrem Service zu tun hat.

Sie können auch ein Bild auswählen, das eine Verbindung zu dem Leben Ihrer Kunden schafft. Wenn Sie zum Beispiel ein Buch verkaufen wollen, in welchem es darum geht, Herr über die Unordnung zu werden, dann könnte das Bild entweder die Wohnung eines Messies zeigen oder einen Raum, der blitzblank und ordentlich ist.

Falls möglich, dann finden Sie einen Weg, die Bilder so einzufügen, dass es Ihren Text unterstreicht oder sogar verbessert.

Gleichzeitig sollte das Ganze die Leser auch nicht überfordern. Die beste Bannerwerbung enthält in den meisten Fällen nur einige wenige Worte. Wenn Sie sich nicht sicher sind, was am besten für Sie funktioniert, dann verwenden Sie einfach mehrere verschiedene Banner, um herauszu- finden, welcher am effektivsten ist.

Worte machen Eindruck

Bilder sind sehr wichtig und hilfreich in der Werbung; sie sind jedoch nicht die einzigen Dinge, um die Sie sich kümmern müssen. Ihre Worte haben Macht und sie können die Meinung, die die Kunden über Ihr Produkt haben, verändern – und das nicht immer zum Guten.

Bevor Sie Ihr Banner erstellen, sollten Sie wissen, dass Ihnen nur sehr wenig Platz zur Verfügung steht. Deshalb sollten Ihre Worte klug gewählt sein. Sie sollten nur die diejenigen verwenden, die wirklich ENTSCHEIDEND für die Botschaft sind, die Sie vermitteln wollen.

Kurz gesagt: Nutzen Sie so wenig Wörter wie möglich, immer!

Natürlich sollten es auch Worte sein, die kraftvoll sind und Energie vermitteln. Hier sind ein paar Tipps, um die Richtigen auszuwählen:

- ## Brainstorming
  Alle guten Textentwürfe beginnen immer mit einem Brainstorming. Nehmen Sie sich Zeit, alles aufzuschreiben, von dem Sie wollen, dass Ihr Werbebanner es vermittelt. Das kann alles sein, was gerade in Ihrem Kopf herumschwirrt.

- ## Unterstreichen Sie die kraftvollen Wörter
  Nehmen Sie sich nun Ihre Brainstorming-Notizen und unterstreichen Sie darauf alle Wörter, die hervorstechen. Das sind die eigentlichen Kraftwörter, die wichtig für einen Textentwurf sind.

- ## Finden Sie Synonyme
  Nachdem Sie nun viele Ideen auf Ihrem Zettel haben, nehmen Sie sich ein Synonym-Wörterbuch vor oder suchen Sie im Internet nach Synonymen für die von Ihnen gefundenen Kraftwörter. Sie werden Wörter entdecken, an die Sie gar nicht gedacht haben und vielleicht sogar einfachere Begriffe, um Ihren Message besser zusammenfassen zu können.

• Sätze schreiben, die zur Handlung aufrufen

Wenn Sie dann mit dem Schreiben loslegen, müssen Sie Sätze finden, die Leute dazu animieren, zu handeln. Es sollten Sätze sein, die einem das Gefühl geben, zu etwas ganz Besonderem zu gehören. Wir werden Ihnen gleich einige Beispiele zeigen.

• Ihren Entwurf laut vorlesen

Nachdem Ihr erster Entwurf steht, sollten Sie ihn sich selbst laut vorlesen, um herauszufinden, ob er auch Sie inspiriert oder Ihnen das Gefühl vermittelt, zu handeln. Falls nicht, müssen Sie Ihren Text so lange umschreiben, bis das der Fall ist.

• Streichen Sie das, was Sie am besten finden,

Wenn Sie das Gefühl haben, dass Ihr Text noch immer nicht richtig klingt, aber nicht wissen, was genau Sie ändern sollen, dann versuchen Sie einfach Ihren Lieblingsabschnitt auszustreichen. Manchmal muss man einfach einige Sachen weglassen, um weiterzukommen.

• Ändern Sie die Reihenfolge

Die Reihenfolge der Sätze muss manchmal geändert werden, damit der Inhalt mehr Sinn macht und das Publikum besser erreicht.

Hier sind ein paar Beispiele für Bannertexte, die funktionieren:

- Es muss nicht schwer sein, ein paar Kilos zu verlieren
- Verlieren Sie noch heute fünf Kilo Fett
- Machen Sie noch heute das große Geld mit einem aufregenden Businessplan

Sie müssen exakt auf den Punkt bringen, was Ihr Produkt leisten kann, welche Ergebnisse zu erwarten sind und welche aufregende Sache damit verbunden ist. Denken Sie daran, dass das der Text ist, der den Leser zu einem Kunden machen wird.

Kurz und bündig

Es kann nicht oft genug gesagt werden, dass Sie zwar die richtigen Worte finden müssen, um einen guten ersten Eindruck auf Ihre Zielgruppe zu machen, es aber auf keinem Fall zu viele Wörter sein dürfen. Wenn Sie zu weit ausufern, dann wirkt nicht nur Ihr Banner unordentlich, es besteht auch die Gefahr, dass der Leser sich langweilt und einfach eine andere Seite anklickt.

Versuchen Sie niemals mehr als 100 Wörter auf Ihr Banner erscheinen zu lassen, sofern es Ihnen möglich ist. Mit dieser Anzahl lässt sich der Text einfach und schnell lesen, ohne dass man das Gefühl hat, Zeit zu verschwenden.

Und je schneller ein Text sich lesen lässt, desto weniger hat man das Gefühl, dass jemand versucht, einem etwas anzudrehen, das man überhaupt nicht haben möchte.

Ihr Banner sollte aufregend, eindeutig, klar und effektiv sein, wenn es um die Klickrate geht. Wenn Ihr Angebot aber zu gut klingt, um wahr zu sein, dann müssen Sie es auch beweisen!

Beweisen Sie es

Der nächste Schritt zu einer effektiven Bannerwerbung ist, Ihre Behauptungen gegenüber den Lesern zu beweisen. Sie können das Blaue vom Himmel versprechen – wenn Sie nicht vertrauenswürdig wirken, dann wird niemand daran interessiert sein, mehr über Sie zu erfahren.

Aber wie soll das funktionieren – etwas in einem kleinen Kästchen zu beweisen?

Nutzen sie Bilder und Bildsprache

Wie Sie nun bereits erfahren haben, sind Bilder in der Lage die Aufmerksamkeit des Kunden einzufangen und ihn dazu zu bringen, mehr über das erfahren zu wollen, was Sie verkaufen. Bilder erzählen eine Geschichte. Sie verraten einer Person, was sie erwarten könnte, wenn sie Ihr Produkt kaufen und benutzen.

Das beste Beispiel dafür sind immer Vorher-Nachher-Fotos zum Thema Diät. Jemand, der sowieso von Haus aus schon daran interessiert ist, Gewicht zu verlieren, wird diese Anzeige sehen und sich mit den Personen darauf identifizieren. Man sollte also einmal eine Person auswählen, die dem normalen leicht übergewichtigen Durchschnittsmenschen entspricht und dann Foto derselben Person, nur viel schlanker und attraktiver.

Sie könnten genauso gut ein Vorher-Nachher-Foto einer Person zeigen, die eine bestimmte Gesichtscreme verwendet hat. Sie sehen, wohin das führt, oder? Je eher Sie dazu in der Lage sind, den Kunden zu zeigen, was Sie von Ihrem Produkt erwarten können, desto eher werden Sie es kaufen, um herauszufinden, ob Ihre Versprechen wahr sind.

Zahlen und Statistiken

Man wird Ihnen auch dann mehr Glauben schenken, wenn Sie in der Lage sind, ein paar Fakten und Zahlen mit einzufügen, die mit Ihrem Produkt in Zusammenhang stehen. Etwa:

- 25% aller Nutzer werden Gewicht verlieren
- 95% verdienen 1000 Euro pro Woche
- 100% aller Menschen, die dieses Produkt testen, sind erfolgreich

Finden Sie also Wege, Ihren Kunden Statistiken zu präsentieren, sodass diese herausfinden wollen, ob die Zahlen auch auf sie zutreffen. Dazu können Sie entweder gucken, welche bisherigen Rückmeldungen Sie zu Ihrem Produkt erhalten haben oder Sie überreichen Ihren Artikel ein paar Leuten, damit diese ihn ausprobieren können.

Wenn Ihnen die Ergebnisse Ihrer kleinen Studie vorliegen, dann können Sie die Zahlen für Ihre Bannerwerbung verwenden, um den Lesern zu zeigen, dass Sie etwas Beeindruckendes verkaufen und dass die Erfolge auf andere übertragbar sind.

Screenshots

Sofern Sie einen Artikel verkaufen, dessen Ergebnisse auf Webseiten oder in Online-Foren sichtbar sind, können Sie auch einen Screenshot in Ihr Banner miteinfügen. Gern genutzt werden da zum Beispiel Screenshots, die den erhöhten Traffic einer Seite anzeigen oder die Einnahmen, die mit einer Webseite erwirtschaftet wurden.

Das wird dazu führen, dass die Personen, die die Bannerwerbung betrachten, glauben, sie könnten das gleiche Ergebnis erzielen oder es sogar besser machen. Denn der Beweis, dass es möglich ist, liegt direkt vor ihnen und ist nicht von der Hand zu weisen.

Um also herauszufinden, was Sie brauchen, um es genauso zu machen, müssen Sie auf die Anzeige klicken.

Zur Handlung aufrufen

Der Aufruf zur Handlung ist der Teil der Werbung, mit dem Sie den Kunden wirklich einfangen. Bisher haben Sie nur versucht, ihn zu beeinflussen und ihn zu überreden, eine bestimmte Entscheidung zu treffen. Aber jetzt fordern Sie ihn direkt dazu auf, die getroffene Entscheidung in die Tat umzusetzen, auch wenn natürlich trotzdem noch die Gefahr besteht, dass er nichts kauft, nachdem er auf ihre Webseite gelandet ist.

Dringlichkeit erzeugen

Die beste Möglichkeit, den Kunden zur Handlung zur Handlung aufzurufen, ist etwas Dringlichkeit zu erzeugen. Wahrscheinlich haben Sie diese Art von Anzeigen schon einmal gesehen.

Hier sind einige Beispiele

- Nur heute!
- Ein begrenztes Angebot
- Nur solange der Vorrat reicht
- Rabatt für die ersten 100 Kunden

Wenn Sie dem Kunden das Gefühl geben, dass er das Angebot vielleicht nicht mehr wahrnehmen kann, wenn er es nicht sofort tut, dann wird er viel eher darüber nachdenken, auf die Anzeige zu klicken, als wenn Sie diese Dringlichkeit nicht mit eingebaut hätten.

Denn sofern der Kunde glaubt, dass er dieses Angebot auch morgen noch vorfindet, dann kann er genauso gut auch noch bis morgen warten. Warum sollte er es nicht tun?

Sie müssen eine Bannerwerbung erschaffen, die mitteilt, dass man lieber früher als später handeln sollte.

Ein leidenschaftlicher Appell

Sie haben sicher schon einmal mitbekommen, wie ein politischer Wahlkampf funktioniert und wie man versucht, Emotionen beim Leser zu erzeugen. Derart leidenschaftliche Appelle an die Wähler erinnern sehr an Werbeanzeigen. Wenn auch Sie so einen Aufruf in Ihre Anzeige mit einbauen, bringen Sie damit noch einmal Ihre Gesamtenergie auf, um eine Person, die kurz davor ist, zu klicken, auch wirklich zu überzeugen.

Das könnten zum Beispiel folgende Appelle sein:

- Es könnte Ihre letzte Chance sein!
- Ihre Gesundheit ist wichtig. Handeln Sie noch heute!
- Sie dürfen nicht noch länger warten, endlich glücklich zu sein!

Sie geben Ihrem Kunden damit eine weitere Chance, sich überzeugen zu lassen und herauszufinden, was Sie ihm verkaufen möchten.

Werbegeschenke und Garantien

Ein Aufruf zum Handeln kann auch etwas sein, das weniger fordernd ist. Sie könnten Ihrem Kunden zum Beispiel anbieten, dass er Ihre Webseite besucht, um dort ein kostenloses eBook herunterzuladen. Dadurch erhalten Sie seine E-Mail-Adresse, die Sie verwenden können, um später Remarketing damit zu betreiben.

Um die Aufmerksamkeit des Kunden zu bekommen, können Sie also auch ein Werbegeschenk oder eine Garantie anbieten. Die Werbung könnte dann folgender Maßen aussehen:

- 100% Zufriedenheitsgarantie
- 100% Geld-zurück-Garantie
- Kostenloser Bericht

Auf diese Art und Weise präsentieren Sie sich selbst als jemand mit gutem Willen, der etwas Kostenloses anbietet, weil er an das glaubt, was er mit anderen teilen will.

Und wenn sie ihnen etwas anbieten, das einen gewissen Wert hat, dann sind die Kunden auch viel eher bereit, Ihnen Ihre Produkte abzukaufen.

Beispiele von Bannerwerbung

Wenn Sie etwas genauer erfahren wollen, wie eine Bannerwerbung aussehen könnte, dann lesen Sie den folgenden Abschnitt. Wir werden gemeinsam ein Beispiel für das imaginäre Produkt "Dirty Laundry", ein Fleckenentferner-Waschmittel, durchspielen.

Dabei folgen wir dieser Struktur:

Kraftvolle Einleitung

Sie sollten mit etwas beginnen, was den Leser fesselt und ihn zum Weiterlesen bringt, sofern er nicht sofort handelt und auf die Anzeige klickt.

- Haben Sie Ihre Kleidung mit gewöhnlichem Waschmittel und mit Fleckenentfernern ruiniert?

Verlockendes Angebot

Jetzt müssen Sie der Person mitteilen, wie Ihr Problem gelöst werden kann.

- "Dirty Laundry" ist ein umweltfreundliches Waschmittel, das all Ihre Flecken entfernt und Ihre Kleidung saubermacht — GARANTIERT!

Darunter könnte man ein Foto von einem T-Shirt platzieren; einmal, wie es vorher ausgesehen hat und dann, wie sauber es ist, nachdem es mit dem Waschmittel gereinigt wurde.

Zur Handlung aufrufen/leidenschaftlicher Appell

- Erhalten Sie eine KOSTENLOSE Probe von "Dirty Laundry", wenn Sie hier klicken. Ihre Kleidung wird es Ihnen danken.

Am Anfang dieser Anzeige stand eine einfache Frage. Anschließend wurde darüber gesprochen, um welches Produkt es sich handelt und was es leisten kann, und dann wurde eine kostenlose Probe angeboten: Einfach, schnell und direkt auf den Punkt. Diese Anzeige bietet zudem etwas, was man sowieso regelmäßig im Bereich der Hausarbeit braucht. Natürlich kann man Anzeigen auch auf andere Art und Weise gestalten, aber diese war ein gutes Beispiel, damit Sie Ihr Brainstorming beginnen können.

Werbebanner-Strategien für maximale Conversion

Es ist eine gute Idee, gleich von Anfang an alles dafür zu tun, um sicherzustellen, dass Ihre Bannerwerbung nicht nur hübsch anzuschauen ist, sondern dass sie auch mit cleveren Tipps umgesetzt wird, die auch die Profis nutzen.

Hier sind einige dieser Tipps:

- ## Konkret sein

  Genau wie bei einem Bewerbungsschreiben für einen neuen Job, wollen Sie nicht einfach irgendeine Bannerwerbung kreieren, in der Hoffnung, dass er Aufmerksamkeit auf sich zieht. Bei der Erstellung Ihres Banners müssen Sie immer eine bestimmte Zielgruppe im Hinterkopf haben, weil Sie genau diese erreichen wollen, wenn Sie damit beginnen, die Google Remarketing Tools zu verwenden.

- ## Animation einbinden

  Wenn Sie die Fähigkeiten dazu haben oder einen Fachmann damit beauftragen können, warum versuchen Sie es dann nicht mal mit einer kleinen Animation in Ihrer Bannerwerbung? Ja, es stimmt, wenn man es zu gut damit meint, dann ist die Gefahr groß, dass man einige Betrachter nervt. Aber wenn man eine jüngere Zielgruppe ansprechen will, dann sind lustige Grafiken manchmal die besten, um sie zu ermutigen, Ihre Seite zu besuchen und herauszufinden, was Sie im Angebot haben.

- ## Bestimmte Keywords verwenden

  Im Bereich Bannerwerbung gibt es bestimmte Wörter, die jeder gern sieht und auf die fast jeder anspringt, um mehr herauszufinden: Kostenlos, Klicken Sie jetzt, Klicken Sie hier, Nur heute, Handeln Sie noch heute usw. Nutzen Sie diese Wörter und Sie werden eine Steigerung Ihres Traffics und der Conversion-Rate erleben.

- ## Mit Fachleuten zusammenarbeiten

  Falls es Ihnen irgendwie möglich ist, versuchen Sie mit einer
  Firma zusammenzuarbeiten, die direkt auf die Bannererstellung
  spezialisiert ist – oder auch mit Designfirmen. Sie wissen am
  besten, was zu tun ist, wie es zu tun ist und was funktioniert.
  Natürlich sollen Sie während des ganzen Prozesses auch mit
  einbezogen werden, aber manchmal ist es einfach das Beste,
  den Profis die Arbeit zu überlassen.

Sind das die einzigen Geheimnisse? Absolut nicht! Aber Sie werden
bemerken, dass es einfache und oft angewandte Strategien im Bereich
der Bannerstellung sind. Diese Tipps funktionieren! Wenn Sie sich einmal
online umsehen, dann werden Sie feststellen, dass die effektivsten
Banner alle oben aufgelisteten Tipps in sich vereinen.

Moderne "Remarketing"-Ideen

Remarketing ist ein Konzept, das für die meisten Leute ein wenig verwirrend erscheint. Das liegt daran, weil es so viele verschiedene Definitionen dafür gibt. In diesem Buch beziehen wir Remarketing und seine Ausläufer nur auf das Thema Bannerwerbung. Und zum Glück ist das viel einfacher, als es klingt. Wenn Sie Eindruck auf Ihre Kunden machen wollen, müssen Sie sicherstellen, dass Sie ihnen immer und immer wieder die Botschaft Ihres Unternehmens einträufeln.

Und dafür brauchen Sie die Hilfe von Google.

Remarketing für Anfänger

Viele Menschen verstehen, was Remarketing und fortlaufende Werbeanzeigen sind, aber sie verstehen nicht, wie genau das funktioniert. Irgendwie erscheint es auch ein bisschen, wie Magie, von Seite zu Seite zu wechseln und immer die gleichen oder ähnlichen Werbekampagnen zu entdecken. Es ist, als wäre da jemand, der einen verfolgt und versucht, Kontakt aufzunehmen, obwohl überhaupt niemand da ist.

Oder vielleicht doch?

Remarketing ist ein Prozess, der Ihren Markt auf die Leute begrenzt, die wirklich etwas bei Ihnen kaufen wollen. Mit jeder fortlaufenden Anzeige werden die Kunden entweder in Betracht ziehen, bei Ihnen einzukaufen oder beschließen Ihre Anzeigen und Ihre Angebote zu ignorieren. In beiden Fällen grenzen Sie Ihr Verkaufsfeld ein und erhöhen damit die Chancen, Geld mit denjenigen zu verdienen, die auf die Anzeigen klicken.

Was passiert, während Sie Remarketing betreiben, also genau Ihren Markt weiter bewerben, ist genial:

- ## Markenbekanntheit erhöht sich
  Mit jeder weiteren Werbeanzeige für Ihr Produkt, wird Ihre Marke mehr Aufmerksamkeit bekommen. Und je bekannter Ihre Marke ist, desto eher können Sie Ihre Artikel an den Mann

bringen. Auch wenn Sie heute nichts kaufen, wird Ihre Firma und ihren Hinterköpfen bleiben. Das erhöht die Wahrscheinlichkeit für Einkäufe in der Zukunft.

• Optimierter Prozess

Da Remarketing ein Prozess ist, der die Kontrolle über Ihr Marketing für Sie übernimmt, können Sie Zeit und Geld sparen. Haben Sie erst einmal alle Parameter bei Google eingegeben, können Sie weggehen und etwas komplett anderes tun – und wissen, dass Ihre Kunden trotzdem die Anzeigen sehen (immer und immer wieder), die sie am meisten ansprechen. Sie müssen nicht jeden einzelnen Schritt kontrollieren.

• Höhere Conversion-Raten

Ältere und auch neuere Studien haben gezeigt, dass Remarketing in der Lage ist, Kunden an ein Unternehmen zu binden und sicherzustellen, dass Sie dort einkaufen werden, auch wenn das nicht am gleichen Tag passiert.

• Zuspruch von Kunden und Unternehmen

Obwohl es immer Menschen geben wird, die es nicht mögen immer und immer wieder Angebote zu bekommen, ist die allgemeine Rückmeldung des ReMarketing eigentlich positiv. Es scheint mittlerweile eine akzeptierte Form der Werbung zu sein.

Sie sehen, dass Remarketing nicht nur in er Lage ist, eine Verbindung zwischen Ihnen und Ihren Kunden aufzubauen, sondern auch, dass es Sie dabei unterstützt, Ihre gewünschten Profite zu erwirtschaften. Aber nun genug mit den ganzen Vorteilen. Lassen Sie uns nun auch herausfinden, wie Sie Remarketing für sich persönlich umsetzen können.

Wie Sie ihr Remarketing-Projekt einrichten

Es gibt verschiedene Möglichkeiten die Remarketing-Idee zu nutzen, um Ihre Profite zu erhöhen. Die einfachste davon ist, ein Banner einzurichten, der eine Person zu Ihrer Bestellseite führt. Aber das ist nicht der einzige Weg, Kunden anzulocken und sie dazu zu bringen, mehr über Ihr Produkt erfahren und es hoffentlich auch kaufen zu wollen.

Remarketing kann auch wie folgt genutzt werden:

- Traffic von Affiliate-Seiten zu Ihrer Seite übertragen
- Kunden zurück zur Bestellseite bringen, wenn Sie sich aus dem Warenkorb ausklicken
- Besucher zu einem E-Mail-Feld leiten, um ihre E-Mail-Adressen zu sammeln
- Kunden zu einer Webseminar-Seite oder zu einem kostenlosen Video leiten, um sich ihm damit weiter anzunähern

Sie haben auch die Möglichkeit, einige Dinge zu unternehmen, damit die Kunden ihre Entscheidung, nichts zu kaufen, oder nicht so viel wie zunächst gewollt zu kaufen, noch einmal überdenken.

Clevere Vermarkter werden Ihr Remarketing so einrichten, dass es auch folgende Dinge tun kann:

- Werbegeschenke und zusätzliche Pakete kurz vorm Ende des Einkaufs anbieten.
- Ein zeitlich begrenztes Angebot in fortlaufenden Anzeigen präsentieren: Während SIe ersten Anzeigen den Kunden noch allgemein motiviert haben, etwas Bestimmtes zu kaufen, bekommen weitere Anzeigen auf anderen Seiten dann einen dringlicheren Ton.
- Dem Kunden eine andere Verkaufsseite zeigen - aus einem anderen Blickwinkel.

Remarketing-Projekt noch heute einrichten

Wenn Sie in Ihrem Google Ad Words Account sind, dann müssen Sie sich auf Ihre Zielgruppe ausrichten, um Ihre Remarketing-Kampagne in Gang zu bringen. Nur so kann auch Bewegung in die ganze Sache kommen, wenn es darum geht, ob eine Person die Anzeige anklickt oder nicht.

Wir können jedoch nur beginnen, wenn Sie bereits bei Google Ad Words registriert sind. Sie müssen entweder schon mit Google geworben haben oder zumindest jetzt bereit sein, es zu tun, um eine effektive Ad Words Kampagne zu starten.

Klicken Sie auf folgenden Link, um sich bei Ad Words zu registrieren:

https://adwords.google.com

Sobald Ihr Account eingerichtet ist, werden Sie zu der Erstellung Ihrer ersten Anzeige geführt. Das ist ein hilfreicher Vorgang, auf den wir jetzt aber nicht weiter eingehen wollen, da Sie bereits wissen, wie man eine effektive Anzeige kreiert.

Was Sie jetzt wissen müssen, wie man eine Remarketing-Kampagne erstellt, erfahren Sie im nachfolgenden Kapitel.

Ihre erste Remarketing-Kampagne

Zu Beginn sollten Sie mindestens fünf Werbekampagnen bei Google einrichten. Dadurch haben Sie verschiedene Richtungen, in die Sie Ihr Remarketing lenken können.

Sobald Sie diese fünf Banner eingerichtet haben, kommen Sie zu dem eigentlichen Remarketing.

Klicken Sie als nächstes auf den Tab mit den Zielgruppen, die Sie im oberen Bereich finden, wo Sie auch Ihre Anzeigen erstellen. In diesem Bereich können Sie die Zielgruppen auswählen, die bestimmte Anzeigen zu Gesicht bekommen sollen oder auch nicht. Sie können sich damit also die Kunden auswählen, die auf Ihre Anzeigen klicken sollen.

Sicherstellen, dass Ihre Anzeigen funktionieren

Wenn Ihre Anzeigen nicht funktionieren, dann bringen Sie Ihnen auch nicht das Geld, was Sie sich von ihnen erhofft haben. Selbst wenn Sie den bestmöglichen Ort für Ihre Remarketing haben, wenn Ihre Anzeigen keine Aufmerksamkeit erhalten, dann werden Sie an auch nichts daran verdienen.

Aber gibt es noch andere Möglichkeiten, herauszufinden, ob die Kampagne funktioniert – abgesehen davon, zu überprüfen, ob die Banner angeklickt werden oder nicht?

Ja, Sie können ganz normal den Traffic Ihrer Webseite kontrollieren. Dadurch können Sie nicht nur eine tolle Remarketing-Kampagne kreieren, sondern auch überprüfen, welche Banner effektiv sind und welche nicht. Die, die funktionieren sollten weiterverbreitet werden, während die, die keine Profite bringen, so schnell wie möglich von Ihrer Kampagne entfernt werden müssen.

Wie sie ihre Anzeigen überprüfen

Ihre Anzeigen sind also jetzt im Netz sichtbar und erzeugen einen Eindruck auf die Person, die sie ansehen. Aber ist das der richtige Eindruck? Vielleicht bekommen Sie viele Klicks, aber wenn diese sich nicht auch in den Einnahmen sichtbar machen, dann spielt das überhaupt keine Rolle. Sie brauchen mehr, als nur Klicks.

Es ist auch so, dass viele Betrachter wirklich fasziniert von bestimmter Bannerwerbung sind, sie aber von irgendetwas abgehalten werden, das dafür sorgt, dass sie sie trotzdem nicht anklicken.

Sie müssen diese Tatsachen schnell verstehen, um wirklich sicherstellen zu können, dass Ihre Anzeigen langfristig funktionieren – und nicht nur für einen bestimmten Zeitraum. Denn Sie verdienen alle Profite, die Sie mit Ihrer Bannerwerbung machen könnten.

Lernen sie, welche Zahlen sie kontrollieren müssen

Natürlich wissen Sie bereits, auf welche Zahlen man achten muss. Aber ist das auch wirklich alles, was man wissen sollte? Nein, wenn Sie ein erfolgreicher Vermarkter sein wollen, dann müssen Sie mehr tun! Sie müssen die Zahlen betrachten, die keiner Ihrer noch unerfahrenen Konkurren-ten in Betracht zieht.

- ## Klicks, Ansichten
  Wenn Sie herausfinden wollen, wie gut oder wie schlecht eine Anzeige funktioniert, dann müssen Sie gucken, wie viele Klicks sie erwirtschaften konnte, selbst dann, wenn diese nicht zu einem Kauf geführt haben. Die Wahrscheinlichkeit, dass die Person, die auf Ihr Banner geklickt hat, auch an Ihrem Produkt interessiert war, jedoch vom Preis oder irgendetwas anderem abgehalten wurde, ist hoch.

- ## Popups
  Wenn Sie Popups verwenden, dann sollten Sie natürlich auch dort beobachten, wie viele Leute diese anklicken. Das schließt

zwar auch diejenigen mit ein, die nur draufklicken, um sie aus ihren Sichtfeld zu bekommen, aber herauszufinden, wie oft diese Anzeige gesehen wurde, ist auch hilfreich.

- ## E-Mails
  Sie müssen kontrollieren, wie viele Ihrer E-Mails geöffnet wurden. Wenn viele von Ihnen nicht gelesen werden, bedeutet das, dass Sie Ihre Betreffzeile überarbeiten und verlockender gestalten müssen.

Sie können die Zahlen Ihrer Werbung überprüfen, nachdem Sie Ihre Remarketing-Kampagne bei Google gestartet haben. Sie werden sehen, wie Ihre Zahlen in diesem System hoch und runtergehen, wenn Ihre Werbebanner in die Internet-landschaft platziert werden.

Wenn Sie feststellen, dass die Dinge nicht so laufen, wie Sie es gernhätten, ist das ein Zeichen dafür, dass Sie vielleicht ein anderes Banner ausprobieren sollten. Wenn auch dieser nicht funktioniert, dann haben Sie ein größeres Problem, als nur Ihre Banner.

Services und Dienstleister für ihre Zahlen

Diese Zahlen immer im Blick zu halten, klingt für Sie vielleicht nach ziemlich viel Arbeit. Aber es besteht auch die Möglichkeit, diese Aufgabe an jemand anderen zu übertragen. Gerade für größere Unternehmen ist es sinnvoll, sich jemanden ins Boot zu holen, der sich nur auf die Zahlen konzentriert.

Solche Unternehmen wissen, worauf es ankommt, wenn sie die Zahlen auswerten. Sie wissen, dass Sie etwas aus Ihrer Conversion-Rate lernen wollen und nicht nur wissen möchten, wie viele Menschen auf Ihre Links geklickt haben.

Google Analytics ist ein kostenloses Programm, mit dem Sie diese Aufgabe selbst übernehmen können. Aber gibt auch noch andere Unternehmen, die Ihnen weiterhelfen könnten (ClickTale.com und AltaVista.com, sind zum Beispiel zwei davon).

Es gibt einige Gründe, warum jemand anderes die Zahlen für Sie kontrollieren sollte:

- ## Sie wissen, was die Zahlen bedeuten
  Ein Dienstleister, der regelmäßig Zugriffszahlen und Conversion-Raten verfolgt, weiß ganz genau, wann er Sie über Probleme informieren muss und wann er Ihnen mitteilen kann, dass alles super läuft.

- ## Sie können Sie regelmäßiger kontrollieren
  In der Regel haben Sie auch noch bessere Dinge zu tun, als ständig die Zahlen Ihrer Bannerwerbung zu verfolgen. Weil diese Zahlen aber ständig kontrolliert werden müssen, ist jemand anderes dafür zu beschäftigen die beste Möglichkeit, um eine solide Basis für Ihre Kampagnen zu schaffen.

● Es ist jeden Cent wert

Wenn Sie jemand anderen damit beauftragen, die Zahlen für Ihre Bannerwerbung im Auge zu behalten, dann können Sie Ihre Banner sofort dann austauschen, wenn die Zielgruppe beginnt, das Interesse zu verlieren, und nicht erst eine Woche später, wenn jegliches Interesse an Ihren Produkten komplett verschwunden ist und Sie damit eine Menge Geld verloren habe.

Aber natürlich können auch einige Schwierigkeiten entstehen, wenn man mit anderen Unternehmen oder bestimmten Services zusammen-arbeitet.

● Sie haben nicht die komplette Kontrolle

Wenn Sie sich einen Service aussuchen, der auf der anderen Seite der Welt arbeitet, dann sind Ihre Zahlen wegen der Zeitverschiebung nie ganz aktuell.

● Sie könnten Ihre Kampagnen nicht richtig verstehen

Das Texten kann man ohne Probleme auslagern. Bei den Zahlen müssen Sie aber sicherstellen, dass Sie trotzdem verstehen, was hinter dem Vorhang passiert, sodass Sie darauf auch Ihre zukünftigen Kampagnen ausrichten können.

Google Analytics ist ein kostenloses und simples Hilfsmittel, mit dem Sie selbst so oft wie möglich die Zahlen Ihrer Bannerwerbung betrachten können. Und das ist Ihre Zeit und den Aufwand komplett wert!

Wenn die Zahlen nicht steigen

Wenn Ihre Zahlen nicht weiter steigen, was tun Sie dann? Ein unerfahrener Internetmarketer würde wahrscheinlich denken, er müsste die Banner so schnell wie möglich austauschen. Aber das ist nicht in jedem Fall berechtigt.

Wenn die Zahlen fallen

Manchmal werden Sie kleine Einbrüche in Ihren Zahlen beobachten können, aber das kann eine Menge Gründe haben und muss nicht immer heißen, dass Ihre Bannerwerbung nicht in Ordnung ist. Die Leute klicken vielleicht nicht, weil:

- Es Probleme an der Börse gibt
- Das Produkt zurückgerufen wurde
- Es einen Gesundheitsbericht über Ihr Produkt gab
- Die Feriensaison begonnen hat
- Die Konkurrenz ein ähnliches Produkt rausgebracht hat

Tatsächlich gibt es von Zeit zu Zeit auch mal eine kleine Störung im System, die die Leute daran hindert, auf Ihre Werbeanzeigen zu klicken.

Aber wenn die Zahlen folgenden Aktionen fallen, dann sollten Sie wirklich darüber nachdenken, etwas zu unternehmen:

- Sie haben eine neue Annonce veröffentlicht
- Sie haben die Texte verändert
- Sie haben eine neue Zielgruppe festgelegt
- Sie haben nichts verändert

Wenn Sie beobachten, wie Ihre Zahlen fallen und Ihnen kein anderer Grund für diese Veränderung einfällt, dann sollten Sie darüber nachdenken, ein paar Dinge anzupassen – und zwar zunächst nur geringfügig, um herauszufinden, ob das irgendeinen Einfluss auf die Zahlenbewegung für die Zukunft hat.

Wann Sie ihre Banner austauschen sollten

Von Zeit zu Zeit sollten Sie Ihre Bannerwerbung austauschen, weil die Leute irgendwann von den ewig gleichen Texten und Anzeigen gelangweilt sind, selbst dann, wenn sie das gar nicht bewusst wahrnehmen.

Sie sollten Ihre Banner austauschen:

- Wenn die Zahlen langsam nach unten gehen
- Etwa jeden Monat oder häufiger, wenn Sie viele Anzeigen haben
- Jedes Mal, wenn Sie ein neues Produkt anbieten oder Ihre Produkte neue Features haben.

Sie müssen die Dinge immer mal wieder verändern. Und das bedeutet, dass Sie neue Banner gestalten müssen oder jemanden dafür anstellen.

Die Wahrheit über die Zahlen

Fairness halber muss man auch sagen, dass Veränderungen in den Zahlen nicht immer schlechte Nachrichten sind. Wenn Sie beobachten, dass ALLE Zahlen in allen Bereichen sinken, dann ist es richtig, dann müssen Sie handeln – und zwar sofort.

Aber da Zahlen mal steigen und mal fallen, ist es vielleicht eine gute Idee, sie nicht jeden Tag zu kontrollieren. Checken Sie sie am besten nur einmal in der Woche, um einen allgemeinen Trend erkennen zu können. Wenn der nach oben zeigt, dann ist alles wunderbar. Zeigt er nach unten, dann ist es an der Zeit, über eine Veränderung. Und wenn die Dinge überhaupt nicht gut aussehen, dann finden Sie das Problem und beheben es.

Conversion-Taktiken nach dem Klick

Es geht nicht nur darum, eine Person dazu zu bringen, zu klicken, oder? Nein, denn sobald diese Person auf Ihrer Webseite ist, müssen Sie auch dafür sorgen, dass dieser Klick sich in Geld verwandelt. Und das bedeutet, dass Sie noch zusätzliche Arbeit leisten müssen, wenn jemand Ihre Internetseite besucht.

Sie müssen sicherstellen, dass dieser User auch genug Möglichkeiten hat, den Einkauf zu tätigen, von dem Sie wollen, dass er es tut.

Wenn dieser sich von der Bannerwerbung nicht beeinflussen lassen hat oder sie zwar angeklickt, aber dann doch nichts gekauft hat, müssen Sie ihm eventuell irgendetwas anbieten, mit dem Sie ihn doch locken können.

Das kostenlose Angebot

Kostenlose Artikel und Werbegeschenke sind immer eine großartige Möglichkeit, eine Person dazu zu ermutigen, etwas von Ihnen zu kaufen. Das ist besonders bei Informationsprodukten der Fall. Wenn Sie zum Beispiel ein eBook verkaufen wollen, dann können Sie davon eine Probe anbieten, etwa einen Bericht, der wenige Seiten umfasst und ein paar wertvolle Informationen umfasst. Der User, der diesen Bericht dann (kostenlos) herunterlädt, bekommt dadurch einen Vorgeschmack auf das eigentliche eBook.

Das Resultat könnte dann sein, dass er eher gewillt ist, für das vollständige Produkt zu zahlen.

Ideen für kostenlose Angebote

Nachfolgend haben wir ein paar Ideen aufgelistet, die Sie auf Ihrer Webseite oder in Ihrer Bannerwerbung mit einbinden können:

- ## Kostenlose Proben
  Wenn Sie Ihren Kunden kostenlose Proben anbieten können, dann haben diese die Möglichkeit Ihr Angebot genauer unter die Lupe zu nehmen, bevor Sie Geld investieren. Das ist ein toller Weg, Ihre Produkte attraktiver zu machen. Lassen Sie den Kunden die Versandkosten übernehmen, sodass di den Artikel so bald wie möglich ausprobieren können.

• Kostenlose Informationsprodukte

Wie oben beschrieben, können kostenlose Berichte und ähnliche Produkte sehr verlockend sein. Engagieren Sie einen freiberuflichen Texter damit, diese Aufgabe zu übernehmen. Sie können den Kunden das Informationsprodukt dann zum Download anbieten, nachdem diese ihre E-Mail-Adresse angegeben haben.

• Kostenlose Newsletter

Wenn Sie die E-Mail-Adressen von den Kunden sammeln, die auf Ihre Bannerwerbung klicken, dann können Sie ihnen regelmäßige Newsletter anbieten, um sie über Ihre Produkte auf den Laufenden zu halten. Sie können auch einige wertvolle Informationen hinzufügen, sodass sich nicht nur um einen heimlichen Verkaufsbrief handelt.

• Kostenlose Videos oder Audio-Dateien

Wenn Ihr Produkt irgendetwas mit Videos oder Audio-Dateien zu tun hat, können Sie auch diese als Werbehilfsmittel einsetzen. Sie könnten zum Beispiel ein kostenloses Trainingsprogramm für einen Diätplan auf Video anbieten. Dadurch weiß der Kunde dann, was er vom gesamten Produkt erwarten kann, indem er diese erste Trainingseinheit ausprobieren kann, ohne etwas dafür zu bezahlen.

• Kostenlose Mitgliedschaften

Sie können allen Kunden, die sich in Ihre Mailingliste eintragen, die Möglichkeit anbieten, ein Teil des Mitgliederbereichs zu werden. Indem diese sich eintragen, können sie dem exklusiven Club angehören, wo Sie über Angebote informiert werden, bevor diese erscheinen und Zugang zu verschiedenen Infoprodukten haben, etwa zu Artikeln, Videos oder Audio-Dateien.

Je mehr kostenlose Produkte Sie Ihren Kunden anbieten können, Dinge, die nicht teuer in Ihrer Produktion sind, desto höher ist die Wahrscheinlichkeit, dass Sie auch größere Dinge verkaufen können.

Die Mailingsliste

Eine andere Möglichkeit, die Kunden dazu zu bringen, über Ihre Angebote nachzudenken, ist, sie zu bitten, sich in Ihre Mailingliste einzutragen. Sie können sie dann per E-Mail erreichen und ihnen das Gefühl geben, Mitglied eines exklusiven Clubs zu sein, der Insiderinformationen bekommt, die Anderen verwehrt bleiben.

Angebote für die Mailingliste

Wie können Sie also erreichen, dass Ihre Kunden sich besonders fühlen? Ganz einfach, machen sie ihnen tolle Angebote, die sie nur per E-Mail erhalten können. Das könnte ein kostenloser Versand sein oder auch bestimmte Rabatte. Sie können die Leser auch dazu bringen, andere Mitglieder für die Mailingliste vorzuschlagen, indem Sie dafür weitere Vergünstigungen anbieten.

Da heutzutage so viele E-Mails versendet werden, müssen Sie Mails erstellen, die es auch tatsächlich wert sind, gelesen zu werden. Fügen Sie also nur solche Artikel mit ein, für die Sie ein gutes Angebot machen können und die nicht die Zeit der Leser verschwenden. Es sollten Angebote sein, die die Leser noch nicht wahrgenommen haben, oder zumindest alte Angebote, die einem neuen ähnlichen Angebot gegenüberstehen, das die Leser dazu bringt, erneut zuzuschlagen.

Weitere mögliche Ideen für E-Mails:

- Ankündigungen für neue Artikel
- Ankündigungen für Veranstaltungen, Angebote usw.
- Ankündigungen für Veränderungen auf der Internetseite
- Erinnerungen an zeitbegrenzte Angebote

Sie sollten solche Informationen anbieten, die die Leute, die sich in die E-Mail-Liste eintragen von Ihnen erwarten.

Don't Be Spammy

Wir sind heutzutage sehr empfindlich, was Spam betrifft, weil wir einfach mit viel zu vielen E-Mails bombardiert werden. Das kann dazu führen, dass alle E-Mails, die von Unternehmen stammen, sofort gelöscht werden oder automatisch in den Spam-Ordner wandern. Selbst dann, wenn der Kunde sich freiwillig in eine Mailingliste eingeschrieben hat, könnte die E-Mail am Ende doch im Spam-Ordner landen.

Um sicherzugehen, dass das nicht passiert, halten Sie folgende einfache Regeln ein:

- ### Bieten Sie eine einfache Möglichkeit, sich auszuschreiben

  Bieten Sie einen Button an, mit denen die Kunden sich ganz einfach aus der E-Mail-Liste ausschreiben können. Das verhindert, dass Sie als Spammer angesehen werden.

Machen Sie deutlich, was man zu erwarten hat

Lassen Sie allen Usern, die sich in Ihre Liste eintragen, wissen, wie viele E-Mails sie pro Woche erwarten und welchen Inhalt sie haben werden.

Begrenzen Sie die Anzahl

Wenn Sie jeden Tag E-Mails raus senden, werden die Empfänger schnell genug davon haben, selbst dann, wenn immer tolle Angebote dabei sind. Versuchen Sie nur einmal pro Woche E-Mails zu verschicken, am besten immer freitags. Freitage sind die Tage, an denen die Menschen am ehesten E-Mails lesen, während am Montag die Wahrscheinlichkeit am größten ist, dass Werbemails sofort gelöscht werden.

Halten Sie die E-Mails kurz

Niemand möchte Stunden mit einer einzigen E-Mail verbringen, also halten Sie sie kurz und kommen Sie direkt zum Punkt.

Nutzen Sie eindeutige Betreffs

Ihre Betreffzeile sollte eindeutig darüber informieren, was Sie für eine E-Mails schicken, von wem sie kommt usw. Auf diese Weise wird der Leser sofort wissen, wer Sie sind und warum er eine E-Mail von Ihnen bekommt.

Verkaufen Sie nicht

Es mag verlockend sein, Ihren Kunden etwas zu verkaufen, während Sie diese Massen-E-Mails schreiben. Aber das Beste ist, sie wirklich nur über tolle Angebote, Veranstaltungen und neue Produkte zu informieren. Denn dann wird Ihre Mailingliste auch wachsen, anstatt zu schrumpfen.

Newsletters und informative Mails

Viele Unternehmer erhalten die Rückmeldung, dass Ihre Kunde mehr wollen, als nur hier und da einmal eine E-Mail. Wenn Sie also in der Lage sind, regelmäßig einen hochwertigen Newsletter herauszubringen, dann kommen Sie Ihren Kunden den Mitgliedern Ihrer Mailingliste damit sicher sehr entgegen. Dadurch erhöhen Sie auch die Wahrscheinlichkeit, dass Klicks sich in bares Geld verwandeln, auch wenn das nicht sofort geschieht.

Ideen für Newsletter

Ihr Produkt sollte viele Themen bereithalten, die irgendwie mit ihm in Zusammenhang stehen und die Sie für Ihren Newsletter verwenden könnten. Denken Sie an die Dinge, an die Ihre Kunden vielleicht interessiert sind. Auf diese Weise werden Sie das Gefühl haben, dass Sie sich wirklich mit ihren Bedürfnissen auseinandergesetzt haben.

Folgende Sachen könnten Sie einfügen:

- Anleitungen für die Benutzung des Artikels
- Vorteile, die der Artikel mit sich bringt

Wenn Sie zum Beispiel ein Produkt aus dem Gesundheits-bereich verkaufen, dann könnten Sie in Ihrem Newsletter über andere Dinge sprechen, die, genau wie Ihr Artikel, positive Gesundheitseffekte hat. Sagen wir, Sie verkaufen ein Produkt gegen Migräne, dann können Sie darüber sprechen, welche anderen Möglichkeiten es gibt, den Schmerz zu lindern oder gar zu stillen.

Sie sollten sich darum bemühen, informative Mails zu gestalten, die regelmäßig versendet werden und dem Kunden wirklich einen Mehrwert bieten – und nicht nur leere Informationen. Wenn Sie einfach irgendetwas versenden, ohne sich entsprechend Gedanken darüber zu machen, dann vermitteln Sie den Eindruck, dass Sie den Kunden nur bei einer Sache helfen wollen: Ihnen das Geld aus der Tasche zu ziehen.

Vielleicht sind Ihre Kunden sich dessen nicht bewusst, aber Sie gehen trotzdem das Risiko ein, Ihre Mailingliste damit zu verkleinern und Schwierigkeiten beim Verkauf Ihrer Produkte zu haben.

Der Newsletter muss nicht mehr, als eine Seite umfassen. Aber er sollte eine entsprechende Wertigkeit aufweisen und gut konzipiert sein.

Informationsprodukte und Zusatzartikel

Wenn Sie daran interessiert sind, Ihren Kunden das Gefühl zu geben, als wären Sie der wichtigste Teil Ihres Unternehmens, dann ist es eine tolle Idee, Ihnen Informationsprodukte oder andere kleine Zusatzartikel in Aussicht zu stellen, damit Sie sich eher dafür entscheiden, etwas bei Ihnen einzukaufen.

So könnten Sie zum Beispiel einen kostenlosen Trainingsplaner anbieten, wenn der Kunde ein Diät- oder Sportprodukt kauft. Oder Sie könnten für alle, die bei Ihnen einkaufen, eine kostenlose Handy Anwendung zur Verfügung stellen.

Ein bisschen verkaufen, um viel zu verkaufen

Sie können Ihre Umsätze selbst dann steigern, wenn Sie nur wenige und günstige Artikel kaufen, indem Sie sich dann mit Ihren Kunden zu den teureren Sachen hocharbeiten.

- Verkaufen Sie eine Zeitschrift.
- Verkaufen Sie ein dünnes Buch.
- Verkaufen Sie ein kleines Video.

Solche Artikel können online versendet werden und müssen nicht mehr als 5 Euro kosten. Dadurch bekommt der Kunde ein Gefühl dafür, wie es ist, bei Ihnen einzukaufen. Sofern Sie noch andere Produkte haben, die das Geld und die Zeit des Kunden wert sind, dann wird er sicherlich in Betracht ziehen, irgendwann wieder bei Ihnen einzukaufen.

Mitgliedschaften

Eine andere Möglichkeit, die Kunden an Sie und Ihre Produkte zu gewöhnen und sie dazu zu bringen, etwas zu kaufen, ist, Ihnen anzubieten, Mitglied eines exklusiven Clubs zu werden. Das könnte eine Mailingliste sein oder etwas wie eine Ning.com-Gruppe, wo nur bestimmte Leute Zugang bekommen, um mehr über die Artikel zu erfahren, die Sie verkaufen.

Diese Mitgliedschaften können Sie zunächst kostenlos anbieten, um die Mitglieder davon zu überzeugen, etwas bei Ihnen zu kaufen und somit die Profite zu steigern.

Solche Mitglieder-Clubs kann man ganz einfach gründen. Hier sind ein paar Ideen dafür:

- ## Forum für Mitglieder
  Diese Foren sind nur für Mitglieder zugänglich. Sie können dort über Ihre Artikel diskutieren und über die Erfahrungen, die sie damit gemacht haben.

- ## Webseiten für Mitglieder
  Über Internetseiten, die mit einem Passwort geschützt sind, können Sie Leute einladen, damit sich diese dort untereinander austauschen und Insiderinformationen erhalten können.

Das Gute an solchen Mitgliedschaften ist, dass viele Personen sich dadurch als etwas Besonderes fühlen. Sie fühlen sich, als wären Sie von einem Unternehmen eingeladen worden, mit dem sie gute Geschäfte abschließen können.

Empfehlungen und Referenzen

Wenn ein User erst einmal auf Ihre Webseite gelangt, dann wird er sicher auch darüber nachdenken, etwas bei Ihnen einzukaufen. Da aber viele Leute noch immer etwas skeptisch sind, was die Sicherheit beim Online Shopping betrifft, müssen Sie Ihre Kunden vielleicht noch etwas mehr von sich überzeugen.

Und an dieser Stelle könnten Empfehlungen und Referenzen hilfreich sein. Damit können Sie eine Art Gemeinschaft schaffen, indem Sie den Kunden zeigen, dass sie nicht die einzigen sind, die bei Ihnen einkauft haben und die mit Ihnen zufrieden sind.

Hier sind einige effektive Tipps zum Thema:

- ## Beziehen Sie sich auf reale Personen
  Versuchen Sie, nur Empfehlungen von echten Personen zu veröffentlichen, die auch für das, was sie gesagt haben, einstehen. Wenn irgendwer herausfindet, dass Sie falsche Empfehlungen angeführt haben, dann ist das für Ihren Ruf sicherlich nicht förderlich. Sofern Sie noch keine echten Kunden haben, die Sie weiterempfehlen können, seien Sie zumindest realistisch bei dem, was Sie selbst schreiben und führen Sie Dinge an, die auch wirklich wahr sind – etwa Komplimente, die man Ihnen gemacht hat.

- ## Lassen Sie es nicht zu perfekt sein
  Veröffentlichen Sie keine Empfehlungen, die zu gut klingen, um wahr zu sein. Das wird dazu führen, dass die Kunden dann auch denken, sie wären zu gut, um wahr zu sein. Stellen Sie sicher, dass sich alles realistisch anhört, selbst dann, wenn die Person, die geschrieben hat, alles wäre einfach nur perfekt, tatsächlich real ist. Sie müssen es auch nicht übertreiben.

- ### Fügen Sie ein Foto ein
  Um dem ganzen noch mehr Nachdruck und Vertrauenswürdigkeit zu geben, können Sie auch Fotos der Leute miteinfügen, die die Empfehlungen geschrieben haben.

- ### Halten Sie sie kurz
  Empfehlungen müssen nicht lang sein, um zu überzeugen.

- ### Konkrete Beschreibungen
  Diese Empfehlungsschreiben sollten nicht nur mitteilen, dass alles wunderbar war. Es sollte konkret auf das eingegangen werden, was der Kunde an dem Produkt so besonders fand.

Wenn Sie erst einmal ein paar Empfehlungsschreiben haben, dann gibt es vielfältige Möglichkeiten, diese zu verwenden. Sie können diese nicht nur auf Ihrer Webseite veröffentlichen, sondern auch auf Ihrer Bannerwerbung, in Ihren Newslettern, Ihren E-Mails usw.

Wenn die Kunden sehen, dass Sie nicht die einzigen sind, die einen Artikel bei Ihnen kaufen, dann fühlen Sie sich sicherer in Ihrer Entscheidung.

Über uns

Eine andere tolle Möglichkeit, Leute dazu zu bringen, etwas auf Ihrer Seite zu kaufen, ist ein "Über uns" bzw. ein "About"-Bereich. In der Welt des virtuellen Kommerzes scheint es manchmal, als wären die Leute, die uns etwas verkaufen wollen, unsichtbar und mysteriös – und nur dazu da, um das Geld einzusammeln.

Versuchen Sie es anders zu machen und eine Verbindung zu ihren Kunden zu schaffen, indem Sie ihnen erzählen, wer Sie sind, was Sie anbieten usw.

Folgende Dinge können Sie dafür nutzen:

- ## Hintergrundgeschichte

  Schreiben Sie die Hintergrundgeschichte auf, die erzählt, wie Sie zu dem gekommen sind, was Sie heute tun. Dadurch lernen die Kunden Sie besser kennen – auf einer Art und Weise, die Sie bei ihnen sehr beliebt macht und die dazu führt, dass sie sich fühlen, als wären sie ein Teil der Familie.

- ## Ihre persönliche Empfehlung

  Wenn Sie eine Geschichte haben, die damit zusammenhängt, dass Sie Ihr eigenes Produkt benutzt haben, ist es jetzt an der Zeit, sie zu erzählen. Damit zeigen Sie, dass Sie ein Mensch sind, der die gleichen Gedanken hat, wie die Besucher Ihrer Seite. Und damit machen Sie sich noch vertrauenswürdiger.

- ## Biografien der Mitarbeiter

  Wenn Sie Leute haben, die mit Ihnen zusammenarbeiten, dann fügen Sie auch ein paar Geschichten über sie mit ein. Der Schein einer kleinen Gemeinschaft oder einer Familie ist wirkt sehr ansprechend auf Kunden.

- ## Bilder von Ihnen und Ihren Mitarbeitern

  Wenn es Ihnen möglich ist, dann binden Sie auch Fotos von sich und Ihren Mitarbeitern ein, um zu zeigen, dass es echte Menschen sind, die dieses Geschäft leiten.

Je persönlicher Sie Ihre Webseite gestalten, desto höher wird auch die Conversion sein. Die Leute müssen wissen, dass es Sie wirklich gibt und dass Sie nicht vorhaben, sie zu betrügen.

Klare Anweisungen

Was viele Webseitenbetreiber nicht realisieren, ist der Wert von klaren Anweisungen auf Ihren Seiten. Wenn diese nicht eindeutig und irgendwie durcheinander sind, werden sie nicht nur für Verwirrung sorgen, sondern eventuell auch dazu führen, dass der User verschwindet und nie wiederkommt.

Genauso wie Ihre Bannerwerbung einen klaren Aufruf zur Handlung enthalten muss, muss auch Ihre Webseite klare Anweisungen geben.

Klicken Sie hier

Es muss eindeutig sein, wohin der Kunde gehen muss, wenn er seine Bestellung durchführen möchte. Er muss auch innerhalb weniger Sekunden wissen, wo er den Artikel finden kann, den er in der Bannerwerbung gesehen hat. Sie müssen also sehr klare Anweisungen haben, um Ihre Kunden herumzuführen und Ihnen zu sagen, was sie als nächstes tun müssen.

Wenn der Artikel nicht direkt auf der Seite zu finden ist, auf die der Kunde durch die Anzeige landet, dann kann es so aussehen, als wollten Sie, dass der Kunde noch andere Dinge kauft, bevor er sich überhaupt für den ersten Artikel entscheiden hat. Das ist keine gute Verkaufstaktik!

Nutzen Sie Wortgruppen wie:

- Klicken Sie hier
- Kaufen Sie hier
- Bestellen Sie jetzt
- Bestellen Sie Ihr _____
- Wählen Sie hier die Farbe und die Größe

Wie Sie sehen, führen diese Wortgruppen die Person direkt zum gewünschten Artikel und fordern ihm dazu auf, ihn zu kaufen.

Anweisungen für den Bestellvorgang

Hat der Kunde erst einmal herausgefunden, wo er den Artikel kaufen kann, sollte klar sein, was zu tun ist, um die Bestellung abzuschließen. Viele dieser Systeme sind standardisiert, sodass fast alle Kunden wissen, was von Ihnen erwartet wird. Aber es schadet trotzdem nicht, so zu tun, als wären die User nicht vertraut mit dem Internet.

Den Warenkorb überprüfen

Das ist das erste, was die Kunden zu Gesicht bekommen sollten, sodass sie sicher sein können, nur das zu kaufen, was sie wirklich in den Warenkorb gelegt haben.

Die persönlichen Informationen

Dort füllen die Kunden die Felder mit ihrer Adresse und anderen Informationen aus. Man kann auch die Option hinzufügen, diese Daten für spätere Bestellungen zu speichern oder einen Newsletter zu empfangen.

Die Zahlungsinformationen

Auf dieser Seite sollten Sie sicherstellen, dass die Zahlungsinformationen verschlüsselt sind, sodass der Kunde weiß, dass Sie verantwortungsvoll mit seinen persönlichen Informationen umgehen. Nutzen Sie dazu Paypal oder ein SSL-System.

- **Daten überprüfen und Bestellvorgang abschließen**

  Der Kunde sollte dann noch einmal die Möglichkeit bekommen, seine Bestellung zu überprüfen, um dann den Bestellvorgang abzuschließen.

Diese Schritte sind einfach und sie stellen sicher, dass der Kunde weiß, was in jedem Abschnitt passiert.

Am Ende können zusätzlich zu der Bestätigungs-E-Mail, die automatisch versendet wird, eine kleine Nachricht einbauen, die darüber informiert, dass die Bestellung entgegengenommen wurde.

FAQ und AGB

Eine Seite zu haben, wo eine Person seine Fragen beantwortet bekommt, ist auch eine gute Idee. Dort sollten Sie die am häufigsten gestellten Fragen auflisten:

- Was sind die Versandbedingungen?
- Welche Richtlinien zur Rückgabe gibt es?
- Wann erhalte ich meine Bestellung?
- usw.

Damit informieren Sie Ihre Kunden nicht nur, Sie geben Ihnen auch die Möglichkeit, Fragen sofort selbst zu beantworten, anstatt lange auf eine E-Mail-Antwort zu warten.

Die Rückgabe sollte leichtgemacht werden, der Versand sollte schnell erfolgen und die Versandkosten angemessen sein. Das alles führt zu einer höheren Conversion(s)-Rate.

Auch die Allgemeinen Geschäftsbedingungen sollten auf Ihrer Seite zu finden sein und Punkte wie Gewährleistungen und Garantien mit abdecken.

Kontakt-Informationen

Wenn Sie Ihre Kontaktinformation gut sichtbar auflisten, dann werden Kunden noch viel eher bei Ihnen einkaufen. Manche Firmen machen es dem Kunden schwer, Beschwerden zu schicken oder eine Rücksendung zu arrangieren. Das ist unhöflich und könnte eventuell dazu führen, dass die Firma einen schlechten Ruf bekommt.

Bieten Sie stattdessen verschiedene E-Mail-Adressen an und eine Notfallnummer an, an die sich der Kunde mit seinen jeweiligen Anfragen wenden kann.

Hier sind ein paar Beispiele:

- info@ihrewebseite.de: Für allgemeine Anfragen
- hilfe@ihrewebseite.de: mailto:help@yourwebsite.com Wenn der Kunde Hilfe braucht
- bestellungen@ihrewebseite.de: Für Anfragen bezüglich der Bestellungen
- anregungen@ihrewebseite.de: Für Anregungen oder Verbesserungsvorschläge

Sie können sich auch bei Google Voice anmelden (http://www.google.com/googlevoice/about.html), um eine kostenlose Telefonnummer zu bekommen, die dann weiter zu Ihrem Mobiltelefon geleitet werden kann. Die Voice Mails werden überschrieben, so dass Ihre private Telefonnummer nicht sichtbar wird. Google bietet auch an, mit dieser Telefonnummer Anrufe zu tätigen, sofern man Zugang zu seinem Online-Account hat.

Sie haben viele Möglichkeiten, Ihren Kunden das Gefühl zu geben, nicht nur irgendeine weitere Bestellung zu sein. Und dadurch erhöhen sich Ihre Chancen auf Gewinn.

Schlusswort

Am Ende können Bannerwerbung und Remarketing nahtlos ineinander-greifen, um den Kunden dazu zu bringen, den Link anzuklicken und dann entsprechend zu handeln. Mit einfachen Hilfsmitteln wie Google Analytics oder Google AdWords, können die Effektivität Ihrer Bannerwerbung und Ihre Profite erhöht werden. Es macht keinen Unterschied, ob Sie ein neuer Vermarkter sind, oder schon länger online Geschäfte machen: Je mehr Kontrolle Sie über Ihre Werbekampagnen und über das Verhalten Ihrer Kunden haben, desto wahrscheinlicher ist es auch, dass Sie erfolgreich sind.

Mit Remarketing können Sie die Kunden immer wieder zu Ihnen zurück zu bringen, und zwar so lange, bis diese davon überzeugt sind, dass Sie ein tolles Angebot für sie haben. Und da Sie ein großartiges Produkt anbieten, macht es nur Sinn, dass Sie alles dafür tun, um sicherzugehen, dass der Kunde auch damit nach Hause geht.

Weitere Bücher des Autoren:

Geldmaschine Digitalkamera: Mit Fotos Geld verdienen 16.09.2020

von Jörg Willems

Kindle Ausgabe

4,99 €

Taschenbuch

10,00 €

Gewöhnlich versandfertig in 3 bis 4 Tagen.

Sanitätsdienst: Vom Ersthelfer zum Notfallhelfer - mit Zugang zum Elsevier-Portal_05.10.2009

von Wolfgang Haan , Michael Grönheim , Jörg Willems

Keine Chance der Schuldenfalle: Raus aus den Schulden_15.09.2020

von Jörg Willems

Taschenbuch

10,00 €

Gewöhnlich versandfertig in 3 bis 4 Tagen.

Keine Angst vor Flüchtlingen: Bereichern Sie Ihr Leben durch Begegnungen mit Menschen aus fremden Kulturen (JÖWI′s Express-Ratgeber) 01.08.2016

von Jörg Willems

Taschenbuch

Lampenfieber stoppen 01.08.2016

von Jörg Willems

Taschenbuch

Derzeit nicht verfügbar.

Clever online bewerben (JÖWI´s Express-Ratgeber) 01.08.2016

von Jörg Willems

Taschenbuch

9,80 €

Geldmaschine Digitalkamera 27.07.2016

von Jörg Willems

Taschenbuch

9,80 €

Geld verdienen im Internet_26.07.2016

von Jörg Willems

Taschenbuch

Derzeit nicht verfügbar.

Schreiben Sie sich reich_25.07.2016

von Jörg Willems

Taschenbuch

Derzeit nicht verfügbar.

Total verrückte Verdienstquellen_22.07.2016

von Jörg Willems

Taschenbuch

9,80 €

Sämtliche Bücher können auch im örtlichen Buchhandel oder direkt beim Autor bestellt werden.